Pasta & Sauce

Unser Verlagsprogramm finden Sie unter
www.christian-verlag.de

Produktmanagement: Annika Genning
Übersetzung aus dem Englischen: Barbara Holle
Korrektur: Petra Tröger
Layout und Satz: imprint, Zusmarshausen
Umschlaggestaltung: Caroline Daphne
Georgiadis, Daphne Design

Gekürzte Lizenzausgabe von »Alles über Pasta«,

Herstellung: Bettina Schippel
Repro: Repro Ludwig, Zell am See

Gesamtherstellung:
GeraNova Bruckmann Verlagshaus GmbH

Die Deutsche Nationalbibliothek verzeichnet diese Publikation in der Deutschen Nationalbibliografie; detaillierte bibliografische Daten sind im Internet über http://dnb.d-nb.de abrufbar.

1. Auflage 2013

ISBN 978-3-86244-265-2

Alle Angaben in diesem Werk wurden von den Autoren sorgfältig recherchiert und auf den aktuellen Stand gebracht sowie vom Verlag geprüft. Für die Richtigkeit der Angaben kann jedoch keinerlei Haftung übernommen werden. Für Hinweise und Anregungen sind wir jederzeit dankbar. Bitte richten Sie diese an:
Christian Verlag
Postfach 400209
80702 München
E-Mail: lektorat@verlagshaus.de

Pasta & Sauce

Die 100 besten italienischen Rezepte

CHRISTIAN

Inhalt

Pasta und »basta«

Pasta darf für die meisten Italiener bei keiner Mahlzeit fehlen. In Norditalien wird zwar auch viel Reis (Risotto) gegessen, doch im Süden kommt mindestens einmal, manchmal sogar zweimal am Tag Pasta auf den Tisch. Mittags wird für gewöhnlich *pastasciutta* (Pasta mit Sauce) serviert und abends *pasta in brodo* (in Bouillon) oder eine *minestra* (eine gehaltvolle Suppe mit Nudeln).

Die italienische Pasta kann auf eine jahrhundertealte Geschichte zurückblicken. In einem etruskischen Grab fand man fast zweieinhalbtausend Jahre alte Zeichnungen, die eine Art urzeitliche Nudelmaschine zeigen, ein Gerät zum Ausrollen von Pastateig und ein anderes, eine Art Zahnrad, das höchstwahrscheinlich zur Herstellung von Spaghetti diente. Fünfhundert Jahre später tauchte die Pasta erstmals in Sizilien auf. Im 17. Jahrhundert erfand man in Neapel die getrocknete Pasta, die von nun an in Manufakturen hergestellt wurde, was die Produktion vereinfachte und effizienter machte.

Auch wenn sich der Glaube hartnäckig hält – Nudeln machen nicht dick. Eine normale Portion gekochte Pasta hat etwa dreihundert Kalorien und enthält darüber hinaus viele Vitamine, Mineralstoffe und Proteine – vor allem wenn sie mit Eiern hergestellt wurde. In den Ruf, ein Dickmacher zu sein, sind die Teigwaren geraten, weil man sie häufig mit zu viel Sauce isst. Die Italiener sind in dieser Hinsicht weitaus zurückhaltender. Genießen Sie die echt italienische Pasta – mal schnell, mal aufwendig, aber immer köstlich!

Getrocknete Pasta

Goldene Regeln des Pastakochens

- Nur beste getrocknete italienische Pasta kaufen oder die Nudeln – besser noch – selbst machen.
- Pasta stets in einem großen Topf in reichlich kochendem Wasser garen.
- Das Kochwasser sollte ausreichend gesalzen sein.
- Die Pasta beim Kochen nicht unbeaufsichtigt lassen und von Zeit zu Zeit die Garprobe machen.
- Die Nudeln abgießen, sobald sie gar sind, aber nicht abschrecken und nicht vollständig abtropfen lassen.
- Die übrigen Zutaten sollten naturbelassen sein und einen intensiven Geschmack haben – wie etwa sonnengereifte Tomaten und ein gutes Olivenöl.
- Jede Pastasorte verlangt nach einer anderen Sauce. Zu kurzen Röhrennudeln passen dickere Saucen mit Fleisch- und/oder Gemüsestücken. Je dünner die Pasta, desto leichter sollte die Sauce sein.
- Pasta niemals in Sauce »ertränken«.
- Im Italienischen gibt es ein Sprichwort: »Die Pasta wartet nicht auf die Gäste, die Gäste warten auf die Pasta.« Das bedeutet, man sollte die Pasta sofort essen, wenn sie auf den Tisch kommt.

Pasta secca

Muscheln, Schnecken, Schmetterlinge, Engelshaar ... Es gibt die bezauberndsten und fantasievollsten Formen. Die Italiener teilen die Pasta in zwei Haupttypen ein: kurze Nudeln *(pasta corta)* wie Penne, Farfalle und Fusilli und lange Nudeln *(pasta lunga)* wie Spaghetti und Tagliatelle. Gefüllte Pasta wie Tortellini und Ravioli wird ebenfalls in getrockneter Form angeboten. Die breiten, hohlen Cannelloni und Conchiglie (große Muschelnudeln) werden in der Regel ungefüllt verkauft.

In jeder dieser drei Kategorien gibt es Hunderte verschiedene Sorten. Denn nicht genug damit, dass jede Region ihre eigene traditionelle Pasta hat, auch die Hersteller bringen immer wieder neue Formen auf den Markt. Scherzhaft sagt man sogar, mit den neuen Pastasorten sei es wie mit den Models bei den Mailänder Modenschauen: Es tauchen immer wieder neue Gesichter auf. Und um die Sache noch komplizierter zu machen, heißen die Formen auch nicht überall gleich. Tagliatelle etwa nennt man in Rom Fettuccine, und Maccheroni ist in manchen Regionen die allgemeine Bezeichnung für Pasta. Verzweifeln Sie also nicht, wenn Sie eine bestimmte Nudelsorte, die in einem Rezept verlangt ist, nicht finden. Es gibt etliche Alternativen. Es kommt lediglich darauf an, dass die Pasta zu der Sauce passt, die Sie zubereiten wollen. Und dann muss sie vor allem die Sauce und andere Zutaten aufnehmen können. Als Faustregel gilt: Kurze Röhrennudeln eignen sich am besten für dickere Saucen mit Fleisch- und/oder Gemüsestücken, während lange, dünne Nudeln besonders für flüssigere Saucen ohne feste Bestandteile geeignet sind.

Qualität

Das Angebot an getrockneter Pasta ist riesig, und ebenso groß sind die Preisunterschiede. Man muss durchaus nicht immer das teuerste Markenprodukt kaufen. Weniger gute Qualität wird häufig aus Weichweizenmehl oder einer Mischung aus Weich- und Hartweizenmehl hergestellt. Die Nudeln sind dann weniger fest und werden beim Kochen schnell weich und klebrig. Beim Einkauf sollte man deshalb darauf achten, dass die Pasta die Bezeichnung *pasta di semola di grano duro* oder, wenn es sich um Eiernudeln handelt, *pasta grano duro e uova* trägt, das heißt, dass sie ausschließlich aus Hartweizenmehl hergestellt ist. Und bei bunten Nudeln sollte man darauf achten, dass sie nicht mit künstlichen Farbstoffen gefärbt sind.

Pastaherstellung

Die erste Pastafabrik wurde in Neapel gegründet. Zu Beginn des 19. Jahrhunderts produzierten die Neapolitaner getrocknete Pasta bereits in relativ großem Stil. Ein Großteil der Pasta wurde nach Amerika verschifft, wo sie bei den vielen italienischen Einwanderern reißenden Absatz fand.

Im Laufe der Zeit wurden die Nudelmaschinen ständig weiterentwickelt. Heute ist der gesamte Herstellungsprozess automatisiert. Bei den meisten Fertigprodukten sind Mehl und Wasser die einzigen Zutaten, es sei denn, der Pasta soll mit weiteren Zutaten wie Gemüse, Safran oder Tintenfischtinte eine besondere Farbe oder ein besonderer Geschmack verliehen werden. Eiernudeln werden ebenfalls fabrikmäßig hergestellt. In der Regel verwendet man hier Trockenei, gelegentlich aber auch frische Eier. In den Fabriken wird der Teig nicht ausgerollt und geschnitten, sondern mithilfe einer rotierenden Spindel durch eine Stanze gepresst. Der vielleicht wichtigste Teil der Maschine sind die Lochscheiben, die dazu dienen, der Pasta die gewünschte Form zu geben. Ein rotierendes Messer schneidet die Nudeln auf die gewünschte Länge. Lange Nudeln fallen direkt aus der Presse auf Trockenstäbe, kurze Nudeln werden auf einem Förderband verteilt. In Trockenkammern werden sie dann mit Heißluft getrocknet.

Lange Nudeln

Runde Spaghetti, viereckige *pasta alla chitarra*, flache Tagliatelle, ovale Linguine, hohle Bucatini ... Lange Nudeln kommen nicht nur als »Schnüre« daher, sondern es gibt alle möglichen Sorten, Formen und Größen. Am dünnsten ist das nur einen Millimeter dicke »Engelshaar«, das gut zu leichten Saucen und klaren Brühen passt. Mit gut zwei Zentimetern am breitesten sind die Pappardelle. Zwischen diesen beiden Extremen sind die Möglichkeiten schier unbegrenzt.

Capelli d'angelo

Weil sie so fein und dünn sind, hat man diese langen Fadennudeln »Engelshaar« getauft. Man findet sie aber auch unter der Bezeichnung Capellini (Härchen). Capellini werden vor dem Trocknen in der Regel zu Nestern zusammengedreht, um zu verhindern, dass die dünnen Stangen beim Verpacken und beim Transport brechen. Zu Capellini passen am besten feine, glatte Saucen. Wenn man sie für Suppen verwendet, bricht man sie gewöhnlich vor dem Kochen in Stücke.

Pappardelle und Lasagne

Pappardelle sind lange, etwa zwei Zentimeter breite Bandnudeln, gelegentlich mit einem oder zwei gewellten Rändern. Pappardelle erfreuen sich in Umbrien und der Toskana großer Beliebtheit. Lasagne ist breiter (manchmal sogar quadratisch) und wird gewöhnlich für Aufläufe verwendet, etwa für die berühmte Lasagne al forno (überbackene Lasagne), die aus mehreren Schichten Lasagne, Sauce und Käse besteht, oder man rollt die vorgekochten Pastablätter zu Röhren –

Cannelloni – und füllt sie. Die Lasagneblätter werden in der Regel zunächst vorgegart. Bei dünnflüssigeren Saucen ist dies allerdings nicht immer erforderlich, weil die Lasagneblätter beim Backen viel Flüssigkeit aufsaugen.

Maccheroni, Ziti und Bucatini

In Italien verwendet man die Bezeichnung Maccheroni häufig als Synonym für Pasta. Eigentlich versteht man unter Maccheroni (im Deutschen Makkaroni) jedoch lange Röhrennudeln unterschiedlicher Dicke. Hohlnudeln nehmen die Sauce besonders gut auf. Bei den Bucatini handelt es sich ebenfalls um Röhrennudeln (*buco* bedeutet Loch oder Grube). Sie sind mit einem Durchmesser von zweieinhalb Millimetern etwas dünner als Maccheroni. Die Bucatini stammen ursprünglich aus Sizilien, wo man sie mit einer Sardinensauce serviert. Ziti sind dicker als Maccheroni und werden vor dem Kochen meist in Stücke gebrochen.

Mafaldine und Lasagnette

Mafalde und Mafaldine sind lange, flache Nudeln mit zwei gewellten Rändern. Mafalde sind etwa zehn Millimeter breit, Mafaldine sind etwas schmaler. Man findet sie auch unter der Bezeichnung Tagliatelle nervate. Die gewellten Ränder sehen auf dem Teller nicht nur sehr ansprechend aus, die Nudeln nehmen dadurch auch die Sauce besser auf. Breitere Bandnudeln wie Lasagne und Pappardelle und schmalere Varianten wie Trenette und Lasagnette haben manchmal einen, manchmal zwei gewellte Ränder.

Spaghetti, Chitarre, Linguine

Die Spaghetti – wörtlich übersetzt »kleine Schnüre« – sind zweifellos die berühmtesten italienischen Nudeln. Spaghetti sind in der Regel 30 Zentimeter lang (es gibt auch längere) und etwa zwei Millimeter dick. Extradünne Spaghetti heißen Spaghettini, extradicke Spaghettoni. In der Basilikata werden noch heute die traditionellen Spaghetti alla chitarra hergestellt. Dabei wird der Teig mit dem Nudelholz durch einen mit Metalldrähten bespannten Holzrahmen gepresst, den man *chitarra* (Gitarre) nennt. Die Stränge sind deshalb nicht rund, sondern viereckig. Linguine (Zünglein) sind lange, ovale Stränge.

Tagliatelle und Bavette

Tagliare heißt schneiden, und viele italienische Köche machen ihre Tagliatelle immer noch selbst, indem sie die Teigblätter aufrollen und in Streifen schneiden. Tagliarelli ist ein Synonym für Tagliatelle, bezeichnet aber in der Regel eine schmalere Variante. Tagliarellini, Taglierini, Tagliatelline und Tagliolini sind ebenfalls dünnere Varianten. Breite und Dicke variieren je nach Hersteller. Tagliatelle sind in der Regel acht bis zehn Millimeter breit und 0,8 Millimeter dick. Es gibt aber auch sehr viel schmalere, nur etwa drei Millimeter dicke Varianten. In Süditalien nennt man sie manchmal auch Bavette, das ist aber eigentlich ebenfalls eine schmalere Variante.

Stringozzi und Stringhetti

Die Stringozzi kommen aus Umbrien. Sie sind etwas dicker und fester als Spaghetti – eher oval als rund. Dadurch haben sie etwas mehr Biss. Stringhetti, ein Mittelding zwischen Stringozzi und Spaghetti, sind eine relativ neue Erfindung.

Fettuccine und Trenette

Fettuccine oder Fettucce sind lange, flache Bandnudeln. Mit einer Breite von sechs bis acht Millimetern sind sie in der Regel etwas schmaler als Tagliatelle. Bei Fettucelle und Fettucce romana handelt es sich gewöhnlich um herkömmliche Tagliatelle. Die ligurischen Trenette sind etwas schmaler und nur etwa drei Millimeter breit. Sie werden traditionell als Trenette alla genovese mit Basilikumpesto, Kartoffeln und grünen Bohnen serviert.

Vermicelli und Fedelini

Vermicelli (Würmchen) sind lang und rund wie Spaghetti. In Süditalien wird die Bezeichnung Vermicelli häufig als Synonym für Spaghetti verwendet, bezeichnet aber in der Regel eine dünnere Variante. Vermicelli schmecken nicht nur köstlich in Suppen, sondern werden auch gerne mit glatten, meist Sahnesaucen serviert oder mit Tomatensauce und Venusmuscheln. Wie bei den Spaghetti gibt es auch bei den Vermicelli eine extradicke (Vermicelloni) und eine extradünne (Vermicellini) Variante. Fedelini sehen ähnlich wie Vermicelli aus, sind aber manchmal dünner.

Paglia e fieno

Ihren Namen – Stroh und Heu – verdanken diese dekorativen Bandnudeln der Tatsache, dass sie meist in zwei Farben angeboten werden. Sie sind in unterschiedlichen Breiten erhältlich und werden wie Tagliatelle zubereitet.

Kurze Nudeln

Noch größer ist die Vielfalt bei den kurzen Nudeln. Ende des 19. Jahrhunderts waren die Nudelmaschinen so ausgefeilt, dass man alle nur denkbaren Formen aus dem Teig ausstanzen konnte. Inzwischen gibt es Hunderte verschiedene Formen und laufend kommen neue hinzu. Wichtig ist, dass sie die Sauce gut aufnehmen können. Ideal sind da Formen wie etwa die wie winzige Schüsseln geformten Orecchiette.

Gnocchetti

Gnocchetti sind geriffelte Schüsselchen, die ein wenig wie ausgehöhlte Gnocchi aussehen. Und um die Sache noch verwirrender zu machen, gibt es auch noch eine größere Variante, die wie die berühmten Klößchen aus Mehl und Kartoffeln ebenfalls Gnocchi heißen.

Gramigna

Gramigna, eine Spezialität aus der Emilia Romagna, sind hohl und gebogen. Als Ersatz eignen sich zum Beispiel die etwas dünneren Pennette oder Sedanini.

Rigatoni

Diese Röhrennudeln haben einen größeren Durchmesser als Penne und sind an den Enden gerade. Der Name bedeutet nichts anderes als »geriffelt« oder »gerippt«. Mezzi Rigatoni, das heißt halbe Rigatoni, sind eine halb so lange Variante.

Pipe

Diese kurze, dicke und gebogene Röhrennudel ähnelt unserer Hörnchennudel. Sie sind oft geriffelt und heißen dann *Pipe rigate*.

Penne

Penna ist das italienische Wort für Schreibfeder. Und tatsächlich erinnern die an den Enden abgeschrägten Röhrennudeln an ein altmodisches Schreibgerät. Penne gibt es in den verschiedensten Größen, etwa als dünne Pennine, Mezze Penne (halbe Penne) und extrabreite Pennoni.

Tortiglioni

Tortiglioni (oder Torciglioni) sehen ähnlich aus wie Penne rigate, sind aber etwas dicker, und die Rillen verlaufen spiralförmig und nicht gerade.

Conchiglie und Lumache

Conchiglie (Muscheln) und Lumache (Schnecken) sind auch in extragroßen Varianten als Lumaconi beziehungsweise Conchiglioni erhältlich, die gerne gefüllt und im Backofen gegart werden.

Farfalle

Farfalla heißt Schmetterling oder Fliege (zum Umbinden). Man findet sie auch unter dem Namen Strichetti. Farfalle mit runden Flügeln heißen Farfalle ronde. Sie passen zu vielen Saucen und eignen sich gut für Salate.

Orecchiette

Die »Öhrchen«, winzige schüsselförmige Nudeln, stammen aus Apulien. Sie werden mitunter sogar noch von Hand hergestellt. Orecchiette isst man traditionell mit einer Sauce aus Brokkoli und Sardellen.

Fusilli und Eliche

Fusilli sind kurze Spiralnudeln. Früher wurden sie von Hand hergestellt, indem man einen Teigstrang um einen dünnen Stock wickelte. Eliche (Schrauben) werden oft als Fusilli verkauft. Beide sind sich zwar ähnlich, legt man sie nebeneinander, erkennt man jedoch den Unterschied: Bei Fusilli sind die Spiralen weiter als bei Eliche.

Rotelline und Ruote

Die »kleinen Wagenräder« verlieren auch beim Kochen ihre Form nicht und bleiben schön fest. Sie eignen sich am besten für dicke, herzhafte Saucen, aber auch für Salate. Ruote und Rotelline werden oft in den italienischen Nationalfarben – Rot (Tomate), Grün (Spinat) und Weiß – angeboten. Ruote sind die größere Variante.

Lasagnette und Festonelle

Als Lasagnette bezeichnet man nicht nur lange, schmale Bandnudeln, die meist einen gewellten Rand haben, sondern auch schmale kurze Nudeln. Man findet sie auch unter dem Namen Festonelle oder, wenn sie schräg geschnitten sind, als Pantacce.

Gefüllte Pasta oder Pasta zum Füllen

Ravioli und Tortellini werden getrocknet mit verschiedenen Füllungen angeboten. In Italien verwendet man diese Pasta gewöhnlich für Suppen. Großer Beliebtheit erfreuen sich beispielsweise Tortellini in brodo, Tortellini, die in einer klaren Brühe, meist Rindsbouillon, serviert werden. Daneben findet man auch getrocknete Pasta, die man selbst nach Belieben füllen kann. Fertige Cannelloni (große Röhren) sind oft eine bequeme Alternative zu Lasagneblättern, die um die Füllung gerollt werden müssen. In Kalabrien füllt man sie gerne mit einer Mischung aus würzigem Rindfleisch und Pecorino. Conchiglioni und Lumaconi, große Muscheln und Schnecken, sind ebenfalls zum Füllen gedacht und werden meist im Backofen gegart.

Suppennudeln

Speziell für Suppen gedacht sind die kleinen *pastine*. Alfabetini (kleine Buchstaben), Risoni (Nudeln, die wie Reiskörner aussehen), Semi di melone (Melonenkerne), Stelline (Sternchen), Farfalline (kleine Schmetterlinge) und Conchigliette (kleine Muscheln) schmecken köstlich in Brühe *(in brodo)* oder in Gemüsesuppen wie der Minestrone.

Frische Pasta

Pasta selbst zu machen ist viel einfacher, als Sie vielleicht denken, vor allem wenn Sie über die geeigneten Gerätschaften wie eine Nudelmaschine (sie ist ganz einfach zu bedienen) verfügen. Und wenn Sie etwas von Ihrem selbst gemachten Pastateig in der Gefriertruhe aufheben, können Sie im Nu stets köstliche frische Pasta auf den Tisch zaubern. Selbst wenn Sie vielleicht schon einmal Schiffbruch erlitten haben sollten, mit den Tipps und den Anleitungen in diesem Kapitel kann nichts mehr schiefgehen.

Zutaten

Das Mehl

Wichtig ist, dass das Mehl ausreichend Gluten enthält. Nur so wird der Teig fest und elastisch und lässt sich mühelos ausrollen, ohne zu reißen. Hartweizen hat den höchsten Glutengehalt und ist deshalb die beste Wahl. Die Sorte hat, wie der Name schon sagt, einen harten, kompakten Kern.

Für frische Eiernudeln kann man auch italienisches *Grano-tenero*-Mehl *(farina »00« di grano tenero)* nehmen. *Grano tenero* ist eine etwas weichere Weizenart, die weniger Gluten enthält. Dadurch werden die Nudeln weicher. Aber Vorsicht: Wörtlich übersetzt heißt *grano tenero* zwar »Weichweizen«, *grano tenero* ist aber um einiges härter und glutenreicher als der europäische Weichweizen, aus dem normalerweise Kuchenmehl hergestellt wird. Herkömmliches Weichweizenmehl ist deshalb für Pasta nicht geeignet. Für frische Pasta kann man allerdings auch das etwas härtere Allzweckmehl (Type 405) verwenden, das man eventuell noch mit Hartweizenmehl mischen kann. Abgesehen von Buchweizen, aus dem man die Buchweizennudeln herstellt, die sich in den italienischen Alpen großer Beliebtheit erfreuen, wird anderes Getreide nur selten zur Pastaherstellung verwendet.

Die Eier

Frische Pasta kann auch mit etwas Wasser hergestellt werden, in der Regel bevorzugt man aber Eier. Es können auch nur Eigelbe statt ganzer Eier verwendet werden (pro Ei muss man zwei Eigelb rechnen). Dadurch bekommt die Pasta einen intensiveren Geschmack und eine kräftigere Farbe.

Zubereitung Schritt für Schritt

Grundrezept für Pastateig

Für 4 Personen

Zutaten

300 g italienisches Pastamehl (Type 00) oder Weizenmehl (Type 405)
3 Eier oder 150 ml Wasser
½ TL Salz

- Das Mehl auf die Arbeitsfläche sieben und eine Mulde in die Mitte des Mehlbergs drücken. Die Eier hineinschlagen oder das Wasser hineingießen und das Salz hinzufügen. Mit einer Gabel von innen nach außen rühren, bis sich das Mehl mit den Eiern oder dem Wasser vermischt hat. Den Teig 10–15 Minuten durchkneten. Das ist notwendig, um das Gluten freizusetzen.
- Ist der Teig zu feucht, noch etwas Mehl unterkneten. Ist er zu trocken, noch etwas Wasser hinzufügen. Den Teig so lange kneten, bis er weich und elastisch ist. In Frischhaltefolie einschlagen und mindestens eine halbe Stunde an einem kühlen Ort ruhen lassen.
- Den Teig gegebenenfalls in zwei Portionen teilen. Pro Person werden etwa 75 Gramm benötigt. Teigreste können in einem Gefrierbeutel eingefroren werden. Der Teig hält sich so mehrere Monate. Den Teig nicht dicker als einen Zentimeter ausrollen.
- Nun kann der Teig durch die Nudelmaschine gedreht werden. Mit der breitesten Stufe beginnen und die Teigplatte vor jedem Durchlauf einmal zusammenfalten. Langsam, aber sicher wird der Teig immer weicher und seidiger. Sobald er die richtige Dicke hat, kann er in jede beliebige Form gebracht werden. Am besten einmal Ravioli oder Tagliatelle zum Üben ausprobieren.

Ravioli selbst machen

Selbst gemachte Ravioli sehen gut aus und sind nicht schwer herzustellen. Die Zubereitung erfordert allerdings etwas Zeit. Ravioli können rund, oval oder – das ist die gängigste Variante – viereckig sein.

- Den Teig vorsichtig mit dem Nudelholz oder mit der Nudelmaschine zu einem dünnen Rechteck ausrollen. Die Ränder gegebenenfalls begradigen. Die Füllung entlang einer gedachten Linie in der Mitte in regelmäßigen Abständen auf den Teig setzen. Den Teig um die Füllungen herum mit einem nassen Backpinsel anfeuchten.

- Die andere Teighälfte ordentlich darüberklappen. Den Teig dabei nicht andrücken, damit die Füllungen nicht flach gedrückt werden. Die Ränder nur ganz leicht andrücken, damit die Luft noch entweichen kann.

- Den Teig rund um die Füllungen mit den Fingerspitzen andrücken. Dabei darauf achten, dass möglichst viel Luft entweicht. Ansonsten können die Ravioli beim Kochen aufplatzen. Die Päckchen müssen rundherum verschlossen sein, damit kein Wasser eindringen und die Füllung verwässern kann.

- Den Teigstreifen nun in einzelne Ravioli zerteilen. Mit einem Teigrädchen bekommt man hübsche gezackte Ränder. Die Ränder können aber auch mit den Zinken einer Gabel verziert oder einfach glatt gelassen werden. Die fertigen Ravioli zwischen zwei bemehlte Geschirrtücher legen.

Tortellini selbst machen

Tortellini bedeutet wörtlich übersetzt »kleine Törtchen«. Der Legende nach sollen die leckeren kleinen gefüllten Teigringe dem Nabel der Venus nachempfunden sein.

- Den Teig mit Nudelholz oder Nudelmaschine ausrollen und kleine Kreise daraus ausstechen.
- Etwas Füllung in die Mitte der Kreise setzen und die Ränder mit einem nassen Pinsel anfeuchten.

- Die Kreise zu Halbmonden zusammenfalten und die Spitzen nach innen biegen.

- Die Spitzen zusammenführen und fest zusammendrücken.

Pasta mit Fleisch und Gemüse

Jede Region des Landes hat ihre *besonderen Spezialitäten*: Parmaschinken und anderer *prosciutto crudo* (roher Schinken), *pancetta* (magerer, gepökelter oder geräucherter Bauchspeck), *coppa* (getrockneter und gepökelter Schinken, der aus weniger edlen Fleischstücken hergestellt wird) und die verschiedensten Arten von Salami. In Pastasaucen wird Fleisch nur in relativ kleinen Mengen verwendet. Die *bekannteste Fleischsauce* für Pasta ist das *Ragù*. Als Ragù bezeichnet man im Allgemeinen jede Sauce, die aus gehacktem oder klein geschnittenem Fleisch zubereitet wird, das langsam mit Tomaten gegart wird. *Ragù alla bolognese* wird aus einer Mischung aus Rind- und Schweinefleisch hergestellt, in Süditalien bereitet man das Ragù mit Lammfleisch und in der Toskana mit Wild zu.

Rindsbouillon mit Spaghettini und Fleischbällchen

Ein schnelles Gericht, das im Herbst und Winter wunderbar Herz und Magen wärmt.

Zubereitung: 25 Minuten
Für 4 Personen

Zutaten

1 l Rindsbouillon
100 g Spaghettini
250 g Rinderhackfleisch
100 g Parmesan, grob gerieben
1 Ei
1 EL Paniermehl
Salz und Pfeffer
1 kleine Handvoll Petersilie, fein geschnitten

- Für die Fleischbällchen das Hackfleisch mit der Hälfte des Parmesans, Ei, Paniermehl sowie etwas Salz und Pfeffer vermengen. Dann kleine Bällchen aus dem Teig formen.

- Die Brühe aufkochen, die Spaghettini und die Fleischbällchen hineingeben und 4–5 Minuten bei geringer Hitze köcheln lassen, bis die Fleischbällchen durchgegart und die Nudeln al dente sind.

- Die Suppe auf vier tiefe Teller verteilen, mit dem restlichen Parmesan und der Petersilie bestreuen und sofort servieren.

Tipp: Fleischbällchen lassen sich leichter formen, wenn man die Hände vorher anfeuchtet.

Tortellini in Rotweinbouillon

Zubereitung: 20–25 Minuten
Für 4 Personen

Zutaten

200 g Tortellini mit Fleischfüllung
100 ml Rotwein | 900 ml Hühnerbrühe
1 EL Olivenöl | 1 Zwiebel, fein geschnitten
2 Knoblauchzehen, fein geschnitten
1 EL Zucker
1 Karotte, in dünne Scheiben geschnitten
1 Stange Lauch, der Länge nach halbiert und in Ringe geschnitten
1 Stange Sellerie, in Scheiben geschnitten
100 g Parmesan
1 kleine Handvoll frischer Oregano, in Streifen geschnitten
1 Bund Schnittlauch, in Röllchen geschnitten

- Das Öl in einem Topf erhitzen und die Zwiebel mit dem Knoblauch 1 Minute darin anschwitzen.
- Den Zucker darüberstreuen und das Ganze etwa 5 Minuten bei geringer Hitze köcheln lassen, bis die Zwiebel karamellisiert ist. Dabei häufig umrühren.
- Rotwein, Hühnerbrühe, das Gemüse und die Tortellini dazugeben und etwa 6 Minuten bei geringer Hitze köcheln lassen, bis die Tortellini al dente sind.
- Die Suppe auf Schalen verteilen, mit den Kräutern bestreuen und den Parmesan darüberhobeln.

Minestrone mit Steinpilzen und Hähnchenfilet

Zubereitung: 20 Minuten
plus 1 Stunde zum Einweichen der Pilze
Für 4 Personen

Zutaten

100 g getrocknete Steinpilze, 1 Stunde in lauwarmem Wasser eingeweicht
2 Hähnchenfilets, klein geschnitten
1 l Hühnerbrühe
200 g Pipe rigate
2 Karotten, in dünne Scheiben geschnitten
200 g grüne Bohnen
1 Baguette, in Scheiben geschnitten

- Die Steinpilze durch ein Sieb abseihen. Dabei die Flüssigkeit möglichst vollständig herauspressen. Das Einweichwasser auffangen.
- Das Steinpilzwasser mit der Hühnerbrühe aufkochen. Die Nudeln hineingeben, erneut aufkochen lassen und die Wärmezufuhr dann verringern, sodass die Brühe nur noch köchelt.
- 5 Minuten bevor die Nudeln al dente sind (Packungsanweisung beachten), die Karotten und die Bohnen dazugeben.
- Das Ganze 2 Minuten kochen lassen. Das Fleisch hinzufügen und die Suppe köcheln lassen, bis das Fleisch gar ist und die Nudeln al dente sind.
- Die Suppe auf tiefe Teller verteilen und mit Baguettescheiben servieren.

Tipp: Getrocknete Steinpilze *(funghi porcini)* sind aus der italienischen Küche nicht wegzudenken, und schon kleine Mengen reichen aus, um den Speisen eine besondere Note zu verleihen.

Hühnerbrühe mit Engelshaar

Dass Hühnerbrühe nicht nur eine ausgezeichnete Krankenkost ist, zeigt dieses Rezept, dem man nur das Prädikat »Himmlisch!« geben kann.

Zubereitung: 10–15 Minuten
Für 4 Personen

Zutaten

1 l Hühnerbrühe
100 g Capelli d'angelo (Engelshaar)
1 Zwiebel, gehackt
1 weißer Lauchschaft, der Länge nach halbiert und in Ringe geschnitten
1 kleine Handvoll Sellerieblätter, fein gehackt
200 g gekochtes Hähnchenfleisch, klein geschnitten

- Die Brühe aufkochen.
- Die Nudeln mit Zwiebel, Lauch und Sellerieblättern einige Minuten bei geringer Hitze in der Brühe köcheln lassen. Dabei gelegentlich umrühren.
- Das Fleisch dazugeben, heiß werden lassen und die Suppe in kleinen Schüsseln servieren.

Tipp: Sehr lange, dünne Fadennudeln sind auch in vielen türkischen Lebensmittelläden erhältlich.

Tagliatelle alla bolognese

Ein Italiener käme niemals auf die Idee, ein dickes Ragù mit einer dünnen Nudel zu kombinieren, denn die Spaghetti würden sich mit der Sauce gar nicht erst um die Gabel wickeln lassen. Tagliatelle hingegen nehmen die Bologneser Sauce weitaus besser auf.

Zubereitung: 60 Minuten
Für 4 Personen

Zutaten

400 g Tagliatelle all'uovo (mit Ei)
300 g Rinderhackfleisch
1 EL Olivenöl
100 g Pancetta, in Streifen geschnitten
2 Zwiebeln, fein geschnitten
1 Karotte, fein gewürfelt
3 Stangen Sellerie, gehackt
1 große Handvoll Petersilie, fein gehackt
2 EL Tomatenmark
1 Dose (400 g) geschälte Tomaten
250 ml Gemüsebrühe
200 ml trockener Weißwein
1 Lorbeerblatt
Salz und Pfeffer
1 Prise Zucker
100 g Hühnerleber (nach Belieben)
2 TL Butter

- Das Öl erhitzen und das Hackfleisch unter Rühren darin anbraten. Den Pancetta und die Zwiebel hinzufügen und das Ganze unter Rühren braten, bis das Fleisch braun und krümelig ist.

- Karotte und Sellerie dazugeben und einige Minuten mitbraten.

- Petersilie, Tomatenmark, die geschälten Tomaten, Gemüsebrühe, Weißwein und Lorbeerblatt hinzufügen und mit Salz, Pfeffer und Zucker abschmecken. Aufkochen lassen und danach 30 Minuten bei geringer Hitze köcheln lassen.

- Wenn die Sauce fast fertig ist, die Tagliatelle in reichlich kochendem Salzwasser al dente garen.

- Während die Nudeln kochen, die Hühnerlebern in der Butter rundherum braun anbraten, anschließend aus der Pfanne nehmen, fein hacken und in die Sauce rühren.

- Die Nudeln abgießen, sofort mit der Sauce vermengen und servieren.

Tipp: Der Körper kann das in der Tomate enthaltene Lycopin besser aufnehmen, wenn die Tomaten vorher zerkleinert und gekocht wurden. Lycopin zählt zu den Antioxidantien, und man sagt ihm alle möglichen gesundheitsfördernden Eigenschaften nach. Ersetzen Sie alternativ die Dosentomaten und das Tomatenmark einfach durch eine gute Fertigsauce aus dem Glas. Achten Sie dabei aber darauf, dass sie keine künstlichen Zusatzstoffe enthält.

Penne alla carbonara

Es gibt nur wenige Pastarezepte, bei denen die Meinungen so auseinandergehen wie bei der Carbonara. Mit oder ohne Petersilie, mit oder ohne Knoblauch, mit langen oder kurzen Nudeln und – besonders umstritten – mit oder ohne Sahne?

Zubereitung: 20 Minuten
Für 4 Personen

Zutaten

400 g Penne rigate
250 g Pancetta, klein geschnitten
1 Knoblauchzehe, geschält
200 g Pecorino, gerieben
2 Eier, verquirlt
Salz und frisch gemahlener schwarzer Pfeffer

- Die Penne in reichlich kochendem Salzwasser al dente garen.
- Inzwischen den Pancetta mit dem Knoblauch in einer Pfanne anbraten.
- Den Knoblauch herausnehmen.
- Die Nudeln abgießen, mit dem Pancetta vermengen und die Pfanne vom Herd nehmen.
- Die Eier und den geriebenen Pecorino hinzufügen und die Eier unter Rühren leicht stocken lassen. Mit Salz und Pfeffer abschmecken und sofort servieren.

Pipe rigate mit Rindfleisch und San-Daniele-Schinken

Zubereitung: 80 Minuten
Für 4 Personen

Zutaten

400 g Pipe rigate
500 g Rindfleisch zum Schmoren, in Würfel geschnitten
100 g San-Daniele-Schinken (oder Parmaschinken), in Streifen geschnitten
2 EL Olivenöl | 1 Zwiebel, fein geschnitten
Salz und Pfeffer
1 große Handvoll frische Petersilie, fein geschnitten
½ Karotte, in Scheiben geschnitten
1 Stange Sellerie, in dünne Scheiben geschnitten | 200 ml Rotwein
4 Tomaten, entkernt und gewürfelt
Rindsbouillon (nach Belieben)

- 1 Esslöffel Öl in einer Kasserolle erhitzen und die Zwiebel mit dem Schinken bei mittlerer Hitze glasig anschwitzen.
- Das restliche Öl in einer zweiten Kasserolle erhitzen, das Rindfleisch rundherum anbräunen und anschließend mit Salz und Pfeffer würzen.
- Zwiebel, Schinken, Petersilie, Karotte und Sellerie dazugeben, den Rotwein angießen und zum Schluss die Tomaten hinzufügen. Den Deckel auflegen und das Fleisch etwa 1 Stunde schmoren lassen, bis die Flüssigkeit vollständig verdunstet ist. Wenn die Flüssigkeit zu schnell verdunstet, etwas Rindsbouillon angießen.
- Die Nudeln in reichlich kochendem Salzwasser al dente garen.
- Die Nudeln abgießen, mit dem Fleisch vermengen und sofort servieren.

Bucatini all'amatriciana

Diese pikante Sauce mit Speck stammt aus der in den Bergen an der Grenze zwischen Latium und den Abruzzen gelegenen Stadt Amatrice. Die ansässigen Schäfer verwendeten für ihre Pastasauce Zutaten, die möglichst lange haltbar waren: Hartkäse aus Schafsmilch, Chilischoten und Dörrfleisch.

Zubereitung: 30–35 Minuten
Für 4 Personen

Zutaten

400 g Bucatini
200 g durchwachsener Speck oder Schweinebauch (vorzugsweise italienische Guanciale oder Pancetta), gewürfelt
2 EL Olivenöl
1 getrocknete Chilischote (Peperoncino), zerkrümelt
500 g Tomaten, entkernt und gewürfelt
Salz
50 g Parmesan, gerieben
50 g Pecorino, gerieben

- Den Speck ohne Fett in der Pfanne knusprig braten. Das Fett abgießen und zwei Esslöffel Olivenöl in die Pfanne geben.
- Die Chilischote und die Tomaten hinzufügen und das Ganze zu einer dicken Sauce einkochen lassen.
- Die Bucatini in reichlich kochendem Salzwasser al dente garen.
- Die Nudeln abgießen und mit der Tomatensauce vermengen.
- Auf tiefe Teller verteilen, mit dem geriebenen Käse bestreuen und sofort servieren.

Tipp: Die Amatriciana passt am besten zu Bucatini, Spaghetti und Vermicelli.

Tortelloni mit rohem Schinken und Tomaten-Sahne-Sauce

Sahne hat in manchen Tomatensaucen nichts verloren. Hier aber gehen Schinken, Tomaten und Sahne eine genussreiche Verbindung ein.

Zubereitung: 20–25 Minuten
Für 4 Personen

Zutaten

400 g Tortelloni (mit rohem Schinken gefüllt)
100 g roher Schinken (z. B. Parmaschinken), in Streifen geschnitten
6 reife Tomaten, enthäutet und in Stücke geschnitten
100 ml trockener Weißwein
150 g Sahne
1 kleine Handvoll Rucola, grob gehackt
frisch gemahlener schwarzer Pfeffer

- Den Wein mit der Sahne in einem Topf erhitzen, die Tomaten hinzufügen, 5 Minuten köcheln lassen und anschließend mit dem Stabmixer pürieren.

- Die Tortelloni in reichlich Salzwasser al dente kochen und abgießen.

- Die Schinkenstreifen und danach die Tortelloni unter die Sauce mischen.

- Mit dem Rucola bestreuen, mit Pfeffer übermahlen und servieren.

Vollkorn-Penne mit Schweinswurst und Knoblauch

Genau das Richtige für Knoblauch-Fans!

Zubereitung: 25–30 Minuten
Für 4 Personen

Zutaten

400 g Vollkorn-Penne
200 g italienische Schweinswurst, klein geschnitten
16 Knoblauchzehen, geschält
Olivenöl
200 ml Fleischbrühe
200 g Sahne
100 ml Rotwein
Salz
50 g Pecorino, gerieben

- Den Backofen auf 200 °C (Umluft 180 °C, Gas Stufe 6) vorheizen.

- Die Knoblauchzehen in einer Auflaufform verteilen, vollständig mit Olivenöl bedecken und für etwa 15 Minuten in den Backofen geben.

- In einem kleinen Topf die Brühe mit Sahne und Rotwein um die Hälfte reduzieren, die Hälfte der Knoblauchzehen dazugeben und das Ganze mit dem Stabmixer pürieren.

- Einen Esslöffel Olivenöl in einer Pfanne erhitzen und die Wurst einige Minuten braten, bis sie gar ist.

- Die Nudeln in reichlich kochendem Salzwasser al dente garen, abgießen und mit der Sauce und der Wurst vermengen. Den Pecorino und die restlichen Knoblauchzehen darüberstreuen und sofort servieren.

Tipp: Das Öl, in dem der Knoblauch gegart wurde, nicht wegschütten. Das wäre eine Sünde. Heben Sie das schmackhafte Knoblauchöl zum Beispiel für *Spaghetti con aglio e olio*, zum Braten von Fleisch oder Kartoffeln oder für eine Salatsauce auf.

Pipe rigate mit Parmaschinken und Erbsen

Zubereitung: 20–25 Minuten
Für 4 Personen

Zutaten

400 g Pipe rigate
200 g Parmaschinken, in Streifen geschnitten
300 g Erbsen (frisch oder tiefgekühlt)
1 EL Olivenöl | 1 Zwiebel, fein geschnitten
100 ml Gemüse- oder Fleischbrühe
1 kleine Handvoll frisches Basilikum, in Streifen geschnitten
Salz und Pfeffer, frisch gemahlen

- Das Öl in einer großen Kasserolle erhitzen und die Zwiebel darin glasig anbraten.
- Die Erbsen hinzufügen, die Brühe angießen und das Ganze kochen lassen, bis die Erbsen weich sind.
- Die Nudeln in reichlich kochendem Salzwasser al dente garen.
- Die Nudeln abgießen und mit den Erbsen und den Zwiebeln, dem Schinken und dem Basilikum vermengen.
- In tiefen Tellern oder Schalen anrichten, mit etwas Salz und Pfeffer übermahlen und sofort servieren.

Tipp: Frische Erbsen sollte man nach der Ernte sofort verbrauchen, denn der Zucker wird schnell in Stärke umgewandelt und die Erbsen verlieren ihren süßen Geschmack. Die Erbsen erst unmittelbar vor dem Kochen palen.

Linguine mit Salami

Zubereitung: 30 Minuten
Für 4 Personen

Zutaten

400 g Linguine
250 g Salami (am Stück), gepellt und gewürfelt
1 EL Olivenöl
1 rote Zwiebel, fein geschnitten
2 Knoblauchzehen, fein geschnitten
1 rote Chilischote, entkernt und fein geschnitten
1 EL getrockneter Oregano
1 EL Tomatenmark
1 Dose (400 g) Tomatenstücke
Salz

- Das Öl in einer großen Pfanne erhitzen und die Zwiebel mit dem Knoblauch 1 Minute darin anschwitzen. Die Salami hinzufügen und 1 Minute unter Rühren anbraten.
- Chili, Oregano, Tomatenmark und die Tomaten dazugeben und das Ganze 20 Minuten bei geringer Hitze zu einer dicken Sauce einkochen lassen.
- Kurz bevor die Sauce fertig ist, die Linguine in reichlich kochendem Salzwasser al dente garen.
- Die Nudeln abgießen und mit der Sauce vermengen, dann auf Teller oder Schalen verteilen und sofort servieren.

Maccheroncini mit Pancetta und Mascarpone

Wunderbar schnell und einfach: Partyglück!

Zubereitung: 15–20 Minuten
Für 4 Personen

Zutaten

Maccheroncini (kurze Makkaroni)
200 g Pancetta, in Streifen geschnitten
200 g Mascarpone
Salz
1 EL Olivenöl
1 Knoblauchzehe, fein geschnitten
200 g Sahne
200 ml Hühnerbrühe

- Die Nudeln in reichlich kochendem Salzwasser al dente garen.

- Unterdessen das Öl in einer Kasserolle erhitzen und den Pancetta unter Rühren knusprig braten. Den Knoblauch dazugeben und goldbraun anbraten.

- Die Sahne und die Brühe angießen, gut umrühren, aufkochen und 2 Minuten bei geringer Hitze köcheln lassen. Anschließend den Mascarpone hinzufügen und so lange rühren, bis er sich vollständig aufgelöst hat.

- Die Nudeln abgießen und mit der Sauce vermengen. Auf Teller verteilen und sofort servieren.

Tipp: Für die meisten der in diesem Buch vorgestellten Rezepte wird ungeschlagene Schlagsahne verwendet (30 bis 35 Prozent Fett), die jedoch nach Belieben jederzeit durch Crème fraîche (zwischen 30 und 40 Prozent Fett) ersetzt werden kann.

Grüne Tagliatelle mit Hähnchen in Weißweinsauce

Thymian und Basilikum geben diesem Gericht in Kombination mit der Frische des Weißweins eine besondere Note.

Zubereitung: 25–30 Minuten
Für 4 Personen

Zutaten

400 g grüne Tagliatelle all'uovo (mit Ei)
2 Hähnchenfilets, klein geschnitten
2 EL Olivenöl
Salz und Pfeffer
1 kleine Zucchini, klein geschnitten
1 kleine Handvoll frischer Thymian, fein gehackt (+ ½ EL grob gehackter Thymian zum Garnieren)
1 kleine Handvoll Basilikum, fein gehackt
100 ml Hühnerbrühe
100 ml trockener Weißwein
200 g Sahne

- Das Öl in einer großen Kasserolle erhitzen, das Fleisch rundherum anbräunen und anschließend mit Salz und Pfeffer würzen.

- Zucchini, Thymian und Basilikum dazugeben und 1 Minute unter Rühren anbraten. Das Fleisch, die Zucchini und die Kräuter dann aus dem Topf nehmen.

- Die Hühnerbrühe, den Wein und die Sahne in die Kasserolle gießen, gut umrühren, aufkochen und 15 Minuten bei geringer Hitze köcheln lassen.

- Die Tagliatelle in reichlich kochendem Salzwasser al dente garen.

- Das Fleisch und die Zucchini mit den Kräutern in die Sauce geben und mit Salz und Pfeffer abschmecken.

- Die Nudeln abgießen und mit der Sauce vermengen. Auf Teller verteilen, mit dem grob gehackten Thymian bestreuen und servieren.

Tipp: Je kleiner die Zucchini sind, desto intensiver der Geschmack. Bei großen Exemplaren handelt es sich häufig um hydroponisch gezogene Pflanzen, die weniger kräftig im Geschmack sind als Pflanzen, die in der Erde gezogen wurden.

Tagliatelle mit Rinderfilet und Trüffelsauce

Zubereitung: 20–25 Minuten
Für 4 Personen

Zutaten

400 g Tagliatelle
400 g Rinderfilet, in Streifen geschnitten
Salz | 2 EL Olivenöl
1 kleiner Spitz- oder Weißkohl, in feine Streifen geschnitten
1 EL Butter | 100 g Shiitakepilze | Pfeffer

Für die Trüffelsauce:
4 EL Milch | 1 EL Trüffelöl
2 EL geriebener Pecorino

- Für die Trüffelsauce die Milch in einer kleinen Kasserolle erwärmen. Den Topf vom Herd nehmen und das Trüffelöl und den Pecorino einrühren.
- Die Tagliatelle in reichlich kochendem Salzwasser al dente garen.
- Unterdessen einen Esslöffel Olivenöl in einem Wok oder in der Pfanne erhitzen und den Kohl etwa 1 Minute unter Rühren darin anbraten. Die Trüffelsauce einrühren und die Pfanne vom Herd nehmen.
- Die Nudeln abgießen und mit dem Kohl und der Sauce vermengen.
- Das restliche Olivenöl und die Butter in einer Pfanne stark erhitzen und das Rinderfilet etwa 1 Minute rundherum darin anbraten. Die Pilze dazugeben und ebenfalls 1 Minute bei starker Hitze anbraten. Mit Salz und Pfeffer abschmecken.
- Die Tagliatelle auf Tellern anrichten und das Fleisch daraufgeben.

Maccheroncini mit Hähnchenfilet in Pilzsauce

Zubereitung: 25–30 Minuten
Für 4 Personen

Zutaten

400 g Maccheroncini (kurze Makkaroni)
400 g Hähnchenfilet, in Streifen geschnitten
400 g gemischte Pilze (z. B. Austernpilze, Pfifferlinge, braune Champignons)
2 EL Olivenöl
1 Knoblauchzehe, fein geschnitten
Salz

Für die Sauce:
100 ml Gemüsebrühe
100 ml trockener Weißwein
100 g Sahne
2 EL Trüffelöl

- Die Saucenzutaten in einer kleinen Kasserolle verrühren, aufkochen und 10 Minuten bei geringer Hitze köcheln lassen.
- Kurz bevor die Sauce fertig ist, die Nudeln in reichlich kochendem Salzwasser al dente garen.
- Unterdessen einen Esslöffel Öl in einer Pfanne erhitzen und den Knoblauch 1 Minute bei geringer Hitze darin anschwitzen. Das Fleisch in die Pfanne geben und 2 Minuten bei starker Hitze rundherum anbraten.
- Eine zweite Pfanne (ohne Öl) stark erhitzen und die Pilze darin braten, bis die Flüssigkeit, die sie abgeben, vollständig verdunstet ist. Anschließend einen Esslöffel Öl in die Pfanne geben und die Pilze nochmals 1 Minute unter Rühren braten. Zum Schluss die Sauce einrühren.
- Die Nudeln abgießen und sofort auf tiefe Teller geben. Das Fleisch und die Pilzsauce darauf verteilen und sofort servieren.

Fettuccelle mit Schweinefilet in Pilz-Sahne-Sauce

Ein »leichtes« Rezept mit gutem Schweinefilet.

Zubereitung: 40–45 Minuten
Für 4 Personen

Zutaten

400 g Fettuccelle
500 g Schweinefilet
1 EL Olivenöl
Salz und Pfeffer

Für die Sauce:
250 g Pilze
1 Zwiebel, fein geschnitten
1 Knoblauchzehe, fein geschnitten
100 ml trockener Sherry
100 ml Rindsbouillon
100 g Sahne
1 kleine Handvoll Petersilie,
fein geschnitten

- Den Backofen auf 160 °C (Umluft 140 °C, Gas Stufe 3) vorheizen.

- Das Öl in einer großen Kasserolle erhitzen und das Fleisch rundherum kurz anbraten. Mit Salz und Pfeffer würzen, in eine Auflaufform füllen und 20 Minuten im Backofen garen.

- Kurz bevor das Fleisch fertig ist, die Nudeln in reichlich kochendem Salzwasser al dente garen.

- Inzwischen die Kasserolle wieder erhitzen und die Zwiebel mit dem Knoblauch glasig anschwitzen. Die Pilze hinzufügen und 1 Minute unter Rühren braten. Sherry, Brühe und Sahne angießen, aufkochen und etwa 5 Minuten bei geringer Hitze köcheln lassen. Die Petersilie einrühren und die Sauce noch 1 Minute köcheln lassen.

- Das Fleisch aus dem Ofen nehmen, in Scheiben schneiden und zum Warmhalten mit Alufolie abdecken.

- Die Nudeln abgießen und auf Teller verteilen. Mit der Sauce begießen, das Fleisch darauf anrichten und sofort servieren.

Tipp: Die Schärfe von Knoblauch ist von der Sorte, aber auch von der Frische abhängig. Den grünen Keim in der Mitte stets entfernen, er schmeckt unangenehm bitter, wenn er erhitzt wird.

Pappardelle mit Hasenragout

Im toskanischen Lucca verwendet man für dieses Gericht Kaninchen anstelle von Hasenfleisch.

Zubereitung: 2 Stunden
plus 24 Stunden zum Marinieren
Für 4 Personen

Zutaten

400 g Pappardelle
500 g Hasenfleisch, zerkleinert
5 EL Olivenöl
1 EL frischer Thymian oder 1 TL getrockneter Thymian
400 g Tomaten, entkernt und in mittelgroße Stücke geschnitten
Salz und frisch gemahlener Pfeffer
2 EL Tomatenmark
1 Handvoll Petersilie, gehackt

Für die Marinade:
500 ml Rotwein
3 Stangen Sellerie, grob zerkleinert
2 Zwiebeln, grob zerkleinert
3 Knoblauchzehen, grob zerkleinert
1 TL Fenchelsamen
1 Lorbeerblatt
2 Gewürznelken
6 Pfefferkörner

- Die Marinadenzutaten in einer großen Schüssel verrühren und das Fleisch hineingeben. Zudecken und für 24 Stunden in den Kühlschrank stellen. Das Fleisch alle paar Stunden wenden.

- Das Fleisch aus der Marinade nehmen und trocken tupfen. Die Marinade durch ein Sieb seihen. Das Gemüse abtropfen lassen und die Flüssigkeit beiseitestellen.

- Drei Esslöffel Öl in einer Pfanne erhitzen und das Fleisch rundherum anbraten. Das Gemüse aus der Marinade hinzufügen und das Fleisch weitergaren. Dabei gelegentlich umrühren.

- Die Marinade angießen, mit Thymian, Salz und Pfeffer würzen und das Fleisch in etwa 2 Stunden bei geringer Hitze im offenen Topf weich garen.

- Das Fleisch herausnehmen und klein schneiden.

- Das Lorbeerblatt entfernen und die Sauce mit dem Stabmixer pürieren.

- Die Tomatenstücke, das Tomatenmark und Fleisch in die Sauce geben und das Ragout bei mittlerer Hitze köcheln lassen.

- Die Pappardelle in reichlich kochendem Salzwasser al dente garen.

- Die Nudeln abgießen und mit der Sauce vermengen. Auf Teller verteilen, mit Petersilie bestreuen und sofort servieren.

Fusilli mit Lammsauce

Lammhackfleisch verleiht gerade Pastasaucen einen deftigen und dabei runden Geschmack.

Zubereitung: 25–30 Minuten
Für 4 Personen

Zutaten

400 g Fusilli
400 g Lammhackfleisch
1 EL Olivenöl
1 Zwiebel, fein gehackt
500 g Strauchtomaten, entkernt und gewürfelt
200 ml Rotwein
2 EL Senf
1 kleine Handvoll Basilikum, fein gehackt
Salz und Pfeffer
100 g Pecorino, gerieben

- Das Öl in einer Kasserolle erhitzen und das Fleisch darin anbraten. Dabei laufend rühren, damit es krümelig wird. Die Zwiebel hinzufügen und das Ganze unter Rühren weiterbraten, bis die Zwiebel glasig und das Fleisch angebräunt ist.

- Tomaten, Rotwein, Senf und Basilikum dazugeben und alles gut verrühren. 5 Minuten bei schwacher Hitze köcheln lassen und anschließend mit Salz und Pfeffer abschmecken.

- Inzwischen die Nudeln in reichlich kochendem Salzwasser al dente garen.

- Die Nudeln abgießen und mit der Sauce vermengen.

- Auf tiefe Teller verteilen und servieren. Den geriebenen Pecorino getrennt dazu reichen.

Pasta mit Fisch und Meeresfrüchten

Von der schmalen, felsigen Küste Liguriens und den Buchten der Toskana bis zu den Stränden der Abruzzen und Apuliens – nicht zu vergessen die beiden Inseln Sizilien und Sardinien – überall gibt es frischen Fisch und Meeresfrüchte wie *Seebarsch, Sardinen und Rotbarbe, Tintenfisch und Kalmare* sowie alle Arten von Schalentieren. Dazu kommen noch feine Süßwasserfische, *Forellen* etwa. Und natürlich findet ein großer Teil dieser Fische und Meeresfrüchte Eingang in Pastagerichte. In Süditalien kombiniert man sie gerne mit einer Tomatensauce. Eine neapolitanische Spezialität ist beispielsweise Pasta mit Tomaten, Thunfisch, Venusmuscheln und anderen Schalentieren, und in Apulien bereitet man Sardellen traditionell mit Brokkoli und Tomate zu. In Norditalien serviert man Fisch und Meeresfrüchte dagegen gerne mit Sahnesaucen.

Cravattine mit Jakobsmuscheln

Frische Jakobsmuscheln haben einen köstlichen, süßlichen Geschmack, der am besten zur Geltung kommt, wenn man sie möglichst einfach zubereitet.

Zubereitung: 20–25 Minuten
Für 4 Personen

Zutaten

400 g Farfalle/Cravattine all'uovo (mit Ei)
16 Jakobsmuscheln
Salz
2 EL Olivenöl
2 Knoblauchzehen, fein geschnitten
½ rote Chilischote, entkernt und fein geschnitten
2 Frühlingszwiebeln, fein geschnitten
200 g Sahne
frisch gemahlener Pfeffer

- Die Cravattine in reichlich kochendem Salzwasser al dente garen.

- 1 Esslöffel Öl in einer großen Pfanne erhitzen. Den Knoblauch und die Chilischote etwa 30 Sekunden darin anschwitzen. Die Frühlingszwiebeln hinzufügen und gut umrühren. Die Sahne angießen und mit Salz und Pfeffer abschmecken.

- Die Jakobsmuscheln rundherum mit dem restlichen Öl bepinseln. Eine Grillpfanne sehr heiß werden lassen und die Jakobsmuscheln auf jeder Seite 30 Sekunden braten.

- Die Nudeln abgießen und mit der Sahnesauce vermengen.

- Auf Teller verteilen, je vier Jakobsmuscheln darauf anrichten und sofort servieren.

Tipp: Jakobsmuscheln niemals in Wasser aufbewahren, sie saugen sich sonst wie ein Schwamm voll.

Fazzoletti mit Krebsfleisch in Sahnesauce

Krebsfleisch hat kaum Fett, aber viel Eiweiß.

Zubereitung: 70–75 Minuten
Für 4 Personen

Zutaten

250 g Krebsfleisch
1 EL Olivenöl
1 Zwiebel, gehackt
3 Knoblauchzehen, fein geschnitten
1 Stange Sellerie, in dünne Scheiben geschnitten
1 getrocknete Chilischote, zerkrümelt
Saft von 1 Zitrone
4 EL Sahne
1 kleine Handvoll frischer Oregano, grob gehackt

Für den Pastateig:
300 g italienisches Pastamehl (Type 00, ersatzweise Weizenmehl Type 405)
3 Eier
½ TL Salz + Salz für das Kochwasser

▪ Das Mehl auf die Arbeitfläche sieben und eine Mulde in die Mitte drücken. Die Eier und etwa einen halben Teelöffel Salz hineingeben. Mit einer Gabel vorsichtig von der Mitte nach außen rühren, bis das Mehl vollständig mit den Eiern vermischt ist. Den Teig anschließend 10–15 Minuten durchkneten, bis er weich und elastisch ist. In Frischhaltefolie einschlagen und 30 Minuten ruhen lassen.

▪ Das Öl in einer Kasserolle erhitzen und die Zwiebel mit Knoblauch, Sellerie und Chilischote 1 Minute darin anschwitzen.

▪ Das Gemüse vom Herd nehmen und das Krebsfleisch, den Zitronensaft und die Sahne untermischen. Warm stellen.

▪ Den Pastateig dünn ausrollen und 8 × 8 Zentimeter große Quadrate daraus ausschneiden. Die Fazzoletti in reichlich kochendem Salzwasser in etwa 4 Minuten al dente garen.

▪ Die Nudeln abgießen und vorsichtig mit der Sauce anrichten. Mit dem Oregano bestreuen und servieren.

Tipp: Krebsfleisch sollte nur ganz frisch genossen werden. Alternativ bietet sich Krebsfleisch in Dosen oder aus dem Kühlregal an – das Fleisch wird direkt nach dem Fang gekocht, ausgelöst und verpackt.

Muschelnudeln mit Garnelen in Dill-Sahne-Sauce

Pernod gibt dieser Sauce den richtigen Kick. Der Aperitif wird aus Sternanis und Kräuterauszügen hergestellt.

Zubereitung: 25–30 Minuten
Für 4 Personen

Zutaten

400 g Muschelnudeln mit Ei
(Conchiglie all'uovo)
Salz
frischer Dill zum Garnieren

Für die Dillsauce:
200 g Sahne
250 ml Fischbrühe
2 EL Pernod
Saft von 1 Limette
1 kleine Handvoll Dill, gehackt
300 g Garnelen, geschält und gegart
frisch gemahlener Pfeffer

- Die Nudeln in reichlich kochendem Salzwasser al dente garen.

- Unterdessen die Sahne mit der Brühe in einem Topf aufkochen und in etwa 10 Minuten bei geringer Hitze um die Hälfte reduzieren. Dabei gelegentlich umrühren.

- Den Pernod, den Limettensaft, den Dill und die Garnelen hinzufügen und mit Salz und Pfeffer abschmecken.

- Die Nudeln abgießen und mit der Sahne-Sauce vermengen.

- Auf Teller verteilen, mit Dill bestreuen und sofort servieren.

Spaghetti mit Venusmuscheln

Im Grunde gibt es zwei Varianten der Spaghetti alle vongole: eine »rote« mit einer Tomatensauce und diese »weiße« mit Weißwein, Knoblauch und Petersilie.

Zubereitung: 60 Minuten
Für 4 Personen

Zutaten

400 g Spaghetti all'uovo (mit Ei)
1 kg frische Venusmuscheln, geputzt (schon geöffnete Muscheln aussortieren)
250 ml Weißwein
2 EL Olivenöl
1 kleine Zwiebel, fein geschnitten
3 Knoblauchzehen, fein geschnitten
1 große Handvoll frische Petersilie, fein geschnitten
Salz
2 EL Butter
Saft von ½ Zitrone
frisch gemahlener Pfeffer

- Die Muscheln in einen großen Topf geben, den Wein angießen und aufkochen lassen. Die Muscheln etwa 5 Minuten köcheln lassen, bis sich die Schalen geöffnet haben (geschlossene Exemplare entsorgen). Die Muscheln aus dem Topf heben, die Kochflüssigkeit abseihen und beiseitestellen.

- Zwei Esslöffel Öl in einer Pfanne erhitzen und Zwiebel, Knoblauch und die Hälfte der Petersilie darin anschwitzen, bis die Zwiebel glasig ist.

- Das Muschelwasser angießen und um die Hälfte einkochen lassen.

- Die Spaghetti in reichlich kochendem Salzwasser al dente garen.

- Die Muscheln und die Butter in die reduzierte Sauce rühren und mit Zitronensaft, Salz und Pfeffer abschmecken.

- Die Spaghetti abgießen und sofort mit der Sauce vermengen. Auf Teller verteilen, mit Petersilie bestreuen, mit etwas Pfeffer übermahlen und sofort servieren.

Tipp: Manche Köche verfeinern die Sauce noch mit etwas Sahne, auch wenn das streng genommen nicht dem klassischen Rezept entspricht.

Linguine mit Scampi in Knoblauchsenf-Sauce

So köstlich kann Pasta sein … mit ein bisschen Knoblauchsenf!

Zubereitung: 20–25 Minuten
Für 4 Personen

Zutaten

400 g Linguine
Salz
500 g rohe Scampi, geschält und von den Därmen befreit
1 EL Olivenöl
1 Zwiebel, gehackt
2 Knoblauchzehen, fein geschnitten
1 EL Knoblauchsenf
2 Tomaten, entkernt und gewürfelt
100 g Crème fraîche
1 kleine Handvoll Basilikum, in Streifen geschnitten

- Die Linguine in reichlich kochendem Salzwasser al dente garen.

- Unterdessen das Öl in einer Kasserolle erhitzen und die Zwiebel mit dem Knoblauch kurz darin anschwitzen.

- Die Scampi dazugeben und so lange braten, bis sie gerade rosa sind. Senf, Tomaten, Crème fraîche und Basilikum hinzufügen und das Ganze noch einmal erhitzen.

- Die Nudeln abgießen und mit der Sauce vermengen.

- Auf Teller oder Schalen verteilen und sofort servieren.

Tipp: Knoblauchsenf ist in Delikatessengeschäften und gut sortierten Supermärkten erhältlich. Er schmeckt einfach köstlich. Wenn Sie keinen Knoblauchsenf bekommen, eignet sich ersatzweise auch ein guter französischer Senf, ein Estragon- oder ein Pfeffersenf.

Lasagnette mit Lachs und Schnittlauch-Sahne-Sauce

Zubereitung: 20–25 **Minuten**
Für 4 Personen

Zutaten

400 g Lasagnette | Salz
Schnittlauch zum Garnieren

Für die Schnittlauchsauce:
1 Handvoll Schnittlauch, in Röllchen geschnitten | 250 g Crème fraîche
100 ml Gemüse- oder Fischbrühe
200 g Räucherlachs, in Streifen geschnitten
Salz und Pfeffer

- Die Lasagnette in reichlich kochendem Salzwasser al dente garen.
- Unterdessen die Crème fraîche in einem Topf erhitzen. Die Brühe, den Schnittlauch und den Fisch hinzufügen, heiß werden lassen und mit Salz und Pfeffer abschmecken.
- Die Nudeln abgießen und mit der Sauce vermengen.
- Auf tiefe Teller oder Schalen verteilen und sofort servieren.

Fusilli mit Lachs, Brunnenkresse und Meerrettich

Zubereitung: 20–25 **Minuten**
Für 4 Personen

Zutaten

400 g Fusilli
400 g frisches Lachsfilet, klein geschnitten
75 g Brunnenkresse, grob gehackt (einige Blätter zum Garnieren aufheben)
1 kleine Zwiebel, fein geschnitten
2 EL Meerrettich (aus dem Glas)
Salz und Pfeffer

Für die Sauce:
100 ml trockener Weißwein
100 g Sahne
200 ml Fischbrühe

- Für die Sauce den Wein mit der Sahne, der Fischbrühe und der Zwiebel aufkochen und bei geringer Hitze um die Hälfte reduzieren.
- Die Fusilli in reichlich kochendem Salzwasser al dente garen.
- Den Meerrettich und den Fisch in die Sauce geben und mit Salz und Pfeffer abschmecken.
- Die Nudeln abgießen und sofort mit der Sauce vermengen.
- Die Kresse unterheben, die Pasta auf Teller oder Schalen verteilen, mit der restlichen Kresse garnieren und sofort servieren.

Tipp: Beim Einkauf der Brunnenkresse darauf achten, dass die Blätter nicht welk sind und eine hellgrüne Farbe haben.

Spaghetti alla puttanesca

Wie kam wohl dieses köstliche kampanische Gericht zu seinem Namen – »auf Huren-Art«? Manche behaupten, der verführerische Duft der Sauce habe die Männer ins Bordell gelockt. Andere wiederum meinen, das Gericht heiße so, weil es so einfach ist und man es schnell mal zwischen zwei »Kunden« zubereiten konnte.

Zubereitung: 15–20 Minuten
Für 4 Personen

Zutaten

400 g Spaghetti
Salz
2 EL Olivenöl
2 Knoblauchzehen, in dünne Scheiben geschnitten
50 g (1 Dose) Sardellenfilets, fein gehackt
1 kg reife Tomaten, fein gehackt
100 g entsteinte schwarze Oliven
1 kleine Handvoll Petersilie, fein geschnitten
1 EL Kapern

- Die Spaghetti in reichlich kochendem Salzwasser al dente garen.
- Inzwischen das Öl in einer großen Kasserolle heiß werden lassen, Knoblauch und Sardellenfilets hineingeben und unter Rühren erhitzen, bis die Sardellenfilets »geschmolzen« sind.
- Die Tomaten dazugeben und das Ganze bei starker Hitze zu einer dicken Sauce einkochen lassen. Dabei laufend umrühren. Die Wärmezufuhr dann verringern und Oliven, Petersilie und Kapern in die Sauce rühren.
- Die Spaghetti abgießen und sofort mit der Sauce vermengen.
- Auf tiefe Teller verteilen und sofort servieren.

Bucatini mit Sardinen

Dieses traditionelle sizilianische Gericht stammt vermutlich aus dem Mittelalter, als die Araber auf der Insel herrschten. Die Sauce kombiniert heimische Zutaten und arabische Einflüsse.

Zubereitung: 25–30 Minuten
Für 4 Personen

Zutaten

400 g Bucatini
500 g frische Sardinen, gesäubert und von Köpfen und Gräten befreit
Salz
Saft und abgeriebene Schale von 1 unbehandelten Zitrone
1 Fenchelknolle, vom Strunk befreit und in Streifen geschnitten
1 Dose (50 g) Sardellenfilets, gehackt
3 Knoblauchzehen, gehackt
1 große Handvoll Petersilie, gehackt
6 EL Olivenöl
1 TL Fenchelsamen
1 Zwiebel, fein geschnitten
50 g Rosinen, in etwas Wasser eingeweicht (das Wasser aufheben)
1 Prise Safran, in etwas Wasser eingeweicht
2 EL Pinienkerne, bei sehr geringer Hitze ohne Fett in der Pfanne geröstet
frisch gemahlener Pfeffer

- Die Sardinen trocken tupfen und mit etwas Salz bestreuen. Mit Zitronensaft beträufeln und kühl stellen.

- Den Fenchel in etwas Wasser etwa 5 Minuten weich garen, in ein Sieb abgießen (die Flüssigkeit auffangen) und die Streifen in Würfel schneiden.

- Sardellenfilets, Knoblauch, die Hälfte der Petersilie, vier Esslöffel Öl, die Hälfte der Zitronenschale und die Fenchelsamen im Mörser zu einer Paste verarbeiten.

- Einen Esslöffel Öl in einer Pfanne erhitzen und die Zwiebel kurz darin anschwitzen. Die Fenchelwürfel dazugeben und ebenfalls etwas anschwitzen. Die Wärmezufuhr dann verringern, die Sardellenpaste, die Rosinen mit dem Einweichwasser, den Safran, einen Esslöffel Fenchelwasser und die Pinienkerne hinzufügen und alles einige Minuten bei geringer Hitze köcheln lassen.

- Das restliche Fenchelwasser in einem großen Topf aufkochen, aufgefüllt mit so viel Wasser, wie zum Nudelnkochen benötigt wird, salzen und die Bucatini darin al dente kochen.

- Die Sardinen trocken tupfen. Das restliche Öl in einer Pfanne erhitzen und die Sardinen auf beiden Seiten etwa 2 Minuten braten, bis sie weich sind. Mit Salz bestreuen und mit Pfeffer übermahlen.

- Die Nudeln abgießen und auf vier Teller verteilen. Etwas Sauce darübergeben und jeweils mit vier Sardinen belegen. Mit der restlichen Petersilie bestreuen und sofort servieren.

Tagliatelle mit Seebarsch und Glasschmalz

Zubereitung: 25–30 Minuten
Für 4 Personen

Zutaten

400 g Tagliatelle | Salz
4 Seebarschfilets (à 100 g)
200 g Glasschmalz (Queller), 1 Minute in kochendem Wasser blanchiert
1 l Fischbrühe

Für das Kräuteröl:
1 Knoblauchzehe | 1 EL fein geschnittene Petersilie | 1 EL fein geschnittenes Basilikum
1 EL fein geschnittener Kerbel | 100 ml Olivenöl | 100 ml Maiskeimöl | Salz und Pfeffer

- Die Tagliatelle in reichlich kochendem Salzwasser al dente garen.
- Unterdessen die Fischbrühe aufkochen lassen und die Seebarschfilets etwa 10 Minuten bei geringer Hitze darin pochieren.
- Die Filets anschließend herausnehmen, halbieren und warm halten.
- Die Zutaten für das Kräuteröl mit dem Stabmixer verrühren und mit Salz und Pfeffer abschmecken.
- Die Nudeln abgießen, wieder in den Topf geben und mit zwei Esslöffeln Kräuteröl und dem Glasschmalz vermischen.
- Die Nudeln auf Teller verteilen, den Fisch darauf anrichten und sofort servieren. Das restliche Kräuteröl getrennt dazu reichen.

Tipp: Glasschmalz (Queller) wird von etwa April bis August angeboten. Zunächst die harten Stielenden entfernen und das Glasschmalz kurz unter fließendem kaltem Wasser waschen. Glasschmalz nie länger wässern, denn als Salzwasserpflanze verträgt es kein Süßwasser.

Knusprig gebratene Spaghetti mit Sardellen

Zubereitung: 25 Minuten
Für 4 Personen

Zutaten

500 g Spaghetti (oder Vermicelli)
Salz
10 Sardellenfilets
2 EL Olivenöl
2 Knoblauchzehen, fein geschnitten
100 g Paniermehl, im Backofen geröstet
1 kleine Handvoll Petersilie, grob gehackt

- Die Spaghetti in reichlich kochendem Salzwasser al dente garen.
- Inzwischen das Olivenöl in einer großen Pfanne erhitzen und den Knoblauch 1 Minute darin anschwitzen, ohne dass er Farbe annimmt.
- Die Sardellen dazugeben und so lange braten, bis sie zerfallen sind.
- Die Spaghetti abgießen, mit dem Paniermehl in die Pfanne geben und knusprig braten.
- Auf tiefe Teller verteilen, mit der Petersilie bestreuen und sofort servieren.

Pasta mit Gemüse

Pasta wird in Italien als *eigener Gang* vor dem Hauptgericht serviert. Der Koch ist deshalb bestrebt, aus einfachen Zutaten ein schmackhaftes Pastagericht zuzubereiten, das man als eigenen Gang servieren kann. Und das ist auch der Grund, weshalb es so viele herrliche vegetarische Pastakreationen gibt, die *kinderleicht* zuzubereiten sind. Eine einfache, frisch zubereitete Tomatensauce mit Kräutern, etwas in Olivenöl angebratenes Gemüse, eine Handvoll guter Käse oder Oliven – und schon hat man einen außerordentlich schmackhaften *primo*. Pasta ist auch ohne Fleisch oder Fisch so köstlich und nahrhaft, dass sie sich als moderner vegetarischer Hauptgang großer Beliebtheit erfreut. Dabei gilt es allerdings, eine wichtige Faustregel zu beachten: Je weniger Zutaten, desto besser muss deren *Qualität* sein.

Frische Tomatensuppe mit Orecchiette

Als Gemüse wurde die Tomate erstmals in Italien kultiviert. Diese ersten Speisetomaten waren klein und gelb, weshalb man sie »Goldapfel« – pomo d'oro – nannte.

Zubereitung: 45 Minuten
Für 4 Personen

Zutaten

1 kg reife Tomaten, entkernt und gewürfelt
100 g Orecchiette
1 EL Olivenöl
1 kleine Zwiebel, fein geschnitten
1 Stange Sellerie, in dünne Scheiben geschnitten
1 Knoblauchzehe, geschält
1 l Gemüsebrühe
Ciabatta

- Das Öl in einer Pfanne erhitzen und Zwiebel, Sellerie und Knoblauch darin anschwitzen, bis die Zwiebel glasig ist.

- Die Tomaten hinzufügen und einige Minuten unter Rühren mitbraten.

- Die Brühe angießen, aufkochen lassen und die Suppe etwa 20 Minuten bei geringer Hitze im offenen Topf köcheln lassen.

- Die Suppe mit dem Stabmixer oder in der Küchenmaschine pürieren, durch ein Sieb passieren und noch einmal aufkochen lassen.

- Die Orecchiette in die Suppe geben und einige Minuten bei geringer Hitze al dente garen. Mit Ciabatta servieren.

Spinatcremesuppe mit Suppennudeln

Spinat hat fast das ganze Jahr über Saison. Frisch ist immer besser, auch wenn die tiefgekühlte Ware nicht schlecht ist.

Zubereitung: 25 Minuten
Für 4 Personen

Zutaten

500 g Spinat, gewaschen und gehackt
100 g kleine Suppennudeln (z. B. Farfalline oder Stelline)
1 l Gemüsebrühe
2 EL Sahne
Salz
Vollkornbrot

- Die Brühe zum Kochen bringen.
- Die Nudeln in der Brühe al dente kochen, anschließend mit dem Schaumlöffel oder einem Sieb aus dem Topf heben, kurz unter fließendem kaltem Wasser abschrecken und beiseitestellen.
- Den Spinat in die Brühe geben und kurz zusammenfallen lassen.
- Die Suppe mit dem Stabmixer pürieren.
- Die Sahne und die Nudeln einrühren, die Suppe noch einmal heiß werden lassen, auf Suppenschalen verteilen und mit Vollkornbrot servieren.

Tipp: Achten Sie beim Einkauf darauf, dass der Spinat frisch ist. Verpacken Sie ihn lose in Zeitungspapier und bewahren Sie ihn im Gemüsefach des Kühlschranks auf. Spinat niemals länger als zwei Tage lagern.

Röstgemüsesuppe mit Pipe rigate

Zubereitung: 50–55 Minuten
Für 4 Personen

Zutaten

500 g Tomaten, halbiert
1 rote Paprikaschote, in große Stücke geschnitten | 1 große rote Zwiebel, in große Stücke geschnitten| 1 rote Chilischote, der Länge nach halbiert und entkernt
½ Karotte | 2 Knoblauchzehen, geschält
1 EL Olivenöl | 1 l Gemüsebrühe
100 g Pipe rigate
1 kleine Handvoll Basilikum, fein gehackt

- Den Backofen auf 200 °C (Umluft 180 °C, Gas Stufe 6) vorheizen.
- Das Gemüse in eine Auflaufform schichten (die Stücke sollten nicht übereinanderliegen), mit dem Öl beträufeln und 30 Minuten im Backofen rösten. Nach der Hälfte der Zeit wenden.
- Das Gemüse anschließend in der Küchenmaschine oder mit dem Stabmixer pürieren und danach durch ein Sieb passieren.
- Die Brühe in einen Topf gießen, das Gemüsepüree einrühren und aufkochen lassen.
- Die Nudeln hineingeben und bei geringer Hitze al dente garen.
- Das Basilikum einrühren und die Suppe warm servieren.

Pilzsuppe mit Muschelnudeln

Zubereitung: 20–25 Minuten
Für 4 Personen

Zutaten

1 l Gemüse- oder Pilzbrühe
100 ml trockener Sherry
250 g gemischte Pilze (Zuchtchampignons, Steinpilze, Pfifferlinge etc.), mit einer weichen Bürste gesäubert
200 g Muschelnudeln (Conchiglie rigate)
1 kleine Handvoll Petersilie, fein geschnitten
geröstete Baguettescheiben

- Die Brühe aufkochen und den Sherry hinzufügen.
- Unterdessen die Stiele der Pilze abschneiden.
- Die Pilzstiele etwa 5 Minuten bei geringer Hitze in der Brühe köcheln lassen.
- Die Suppe durch ein Sieb gießen und erneut aufkochen lassen.
- Die Nudeln in der Suppe al dente garen.
- Einige Minuten bevor die Nudeln gar sind, die Pilzköpfe und die Petersilie hinzufügen.
- Die Suppe auf tiefe Teller verteilen und mit den gerösteten Baguettescheiben servieren.

Tipp: Im Gemüsefach des Kühlschranks halten sich frische Pilze ein paar Tage. Pilze niemals in Plastikbeuteln aufbewahren, sondern in trockene Geschirrtücher oder in Küchenpapier einschlagen, denn ohne Luftzufuhr verderben sie sehr schnell.

Minestrone

Die Neapolitaner gehörten mit zu den Ersten, die die Tomate, die spanische Forschungsreisende aus Südamerika mitgebracht hatten, in der Küche verwendeten.

Zubereitung: 30 Minuten
Für 4 Personen

Zutaten

1 große Kartoffel, gewürfelt
1 Karotte, in dünne Scheiben geschnitten
1 Zwiebel, in Ringe geschnitten
1 Stange Lauch, in Ringe geschnitten
1 Knoblauchzehe, fein gehackt
3 EL Olivenöl
1,5 l Gemüsebrühe
100 g Mafaldine
100 g Erbsen
100 g Cannellini-Bohnen (aus der Dose)
2 Tomaten, in Stücke geschnitten
1 Handvoll frische Petersilie, fein gehackt
Salz und Pfeffer

- Kartoffel, Karotte, Zwiebel, Lauch und Knoblauch einige Minuten im Öl anbraten.

- Die Brühe angießen und das Ganze 15 Minuten köcheln lassen, bis die Zutaten ihr Aroma entfalten.

- Nudeln, Erbsen, Bohnen, Tomaten und Petersilie dazugeben und nochmals etwa 5 Minuten köcheln lassen, bis die Nudeln gerade weich sind.

- Mit Salz und Pfeffer abschmecken.

- Die Minestrone auf Suppenschalen oder tiefe Teller verteilen und servieren.

Tipp: Hier ein Rezept für eine schnelle Gemüsebrühe: Zwei große Zwiebeln in dünne Ringe schneiden. Eine große Karotte in Stücke schneiden.
Eine halbe Staude Stangensellerie in Stücke schneiden, ebenso wie einen Stängel Sellerieblätter.
Eine Stange Lauch in dünne Ringe schneiden.
Das Gemüse in einem Esslöffel Olivenöl anschwitzen.
Anderthalb Liter Wasser angießen, aufkochen lassen und 20 Minuten bei geringer Hitze köcheln lassen. Die Brühe anschließend abseihen und mit Salz abschmecken.

Spaghetti alla napoletana

Als Napoletana bezeichnet man noch heute eine einfache, schnelle Tomatensauce, die man nicht nur zu Pasta serviert, sondern auch zum Verfeinern von Gemüse und zum Bestreichen von Pizzaböden verwendet.

Zubereitung: 20–25 Minuten
Für 4 Personen

Zutaten

400 g Spaghetti
2 EL Olivenöl
1 Zwiebel, fein geschnitten
400 g Tomaten, entkernt und gewürfelt
1 Prise scharfes Chilipulver
Salz
etwas Zucker
1 kleine Handvoll Petersilie, grob gehackt
1 kleine Handvoll Basilikum, grob gehackt
50 g Parmesan, grob gerieben

- Das Öl in einer Pfanne erhitzen und die Zwiebel darin anschwitzen. Tomaten, Chilipulver, etwas Salz und eine Prise Zucker hinzufügen, gut umrühren und das Ganze 5 Minuten bei geringer Hitze köcheln lassen.
- Die Spaghetti in reichlich kochendem Salzwasser al dente garen.
- Die Nudeln abgießen und sofort mit der Sauce, der Petersilie und dem Basilikum vermengen.
- Die Nudeln auf Tellern oder in Schalen anrichten, mit Parmesan bestreuen und sofort servieren.

Tipp: Qualität zahlt sich aus, und das gilt einmal mehr auch bei dem berühmten Parmesan, dem Parmigiano-Reggiano. Vakuumverpackter Parmigiano-Reggiano hält sich bis zu sechs Monate. Er kann dann im Kühlschrank bei 4–8° C aufbewahrt werden. Auch das frisch an der Käsetheke gekaufte Produkt bleibt bei dieser Temperatur maximal frisch. Der Käse sollte so am besten nur eine Woche aufbewahrt werden.

Spaghetti con aglio e olio

Einfach Spaghetti, Knoblauch und Olivenöl: Dieses römische Rezept ist der beste Beweis dafür, dass eine gute Pasta auch ohne große Extras auskommt.

Zubereitung: 15–20 Minuten
Für 4 Personen

Zutaten

400 g Spaghetti
10 Knoblauchzehen, in dünne Scheiben geschnitten
2 EL Olivenöl
Salz

- Die Spaghetti in reichlich kochendem Salzwasser al dente garen.
- In der Zwischenzeit das Öl in einer Pfanne erhitzen und den Knoblauch bei geringer Hitze etwa 2 Minuten goldbraun anbraten.
- Die Spaghetti abgießen und mit dem Knoblauch vermengen. Sofort servieren.

Tipp: Ein Rezept gegen Kater. Haben sie am Abend mal etwas zu tief ins Weinglas geschaut, schwören viele Italiener auf einen großen Teller Spaghetti *con aglio, olio e peperoncino* (Spaghetti mit Knoblauch, Öl und Chili) als Mittel gegen den Kater. Die Kohlenhydrate sollen angeblich den Alkoholabbau im Körper fördern. Und das Öl, das sich wie ein Film auf die Magenwand legt, soll das Sodbrennen lindern. Und gegen die Kopfschmerzen sollen der Knoblauch und die Chilischote helfen.
Spaghetti *con aglio e olio* isst man übrigens ohne Käse.

Spaghetti alla marinara

Traditionell bereitet man diese Tomatensauce in Neapel für die Seeleute zu, wenn sie von ihrer Seereise zurückkehren. Und zwar ohne Muscheln, ohne Meeresfrüchte und selbst ohne Anchovis.

Zubereitung: 20–25 Minuten
Für 4 Personen

Zutaten

400 g Spaghetti
6 EL Olivenöl
500 g reife Tomaten, enthäutet, entkernt und in Streifen geschnitten
1 kleine rote Chilischote, entkernt und fein geschnitten
2 Knoblauchzehen, in hauchdünne Scheiben geschnitten
1 EL Kapern
Salz
3 EL frisch gehackte Petersilie
100 g große schwarze Oliven, entsteint und in Ringe geschnitten

- Einen Esslöffel Öl in einer Pfanne erhitzen und die Tomaten etwa 5 Minuten bei geringer Hitze köcheln lassen.

- In einer großen Kasserolle zwei Esslöffel Öl erhitzen und die Chilischote mit dem Knoblauch 1 Minute unter stetigem Rühren darin hell anbraten.

- Die Tomaten, das restliche Öl und die Kapern dazugeben und alles weitere 2–3 Minuten unter Rühren garen.

- Inzwischen die Spaghetti in reichlich kochendem Salzwasser al dente garen.

- Die Nudeln abgießen und sofort mit der Sauce, der Petersilie und den Oliven vermengen. Nochmals 1 Minute unter Rühren erhitzen, auf Teller verteilen und sofort servieren.

Tipp: Die streng vegane Sauce gehört zu den wenigen Tomatensaucen, die nicht mit Käse serviert werden.

Spaghetti mit aromatischer Tomatensauce

Zubereitung: 50–55 Minuten
Für 4 Personen

Zutaten

400 g Spaghetti
500 g reife Tomaten, entkernt und gewürfelt (einige Scheiben zum Garnieren aufheben)
1 EL Olivenöl
1 große Zwiebel, fein geschnitten
1 Knoblauchzehe, fein geschnitten
1 Karotte, klein geschnitten
1 Stange Sellerie, klein geschnitten
1 kleine Handvoll Petersilie (+ etwas Petersilie zum Garnieren), fein gehackt
2 EL Tomatenmark | Salz und Pfeffer
50 g Parmesan, in Späne gehobelt

- Das Öl in einem Topf erhitzen und die Zwiebel mit dem Knoblauch anschwitzen. Karotte, Sellerie und Petersilie dazugeben und 1 Minute weiterbraten.
- Das Tomatenmark einrühren, die Tomaten hinzufügen und das Ganze 5 Minuten kochen lassen. Mit Salz und Pfeffer abschmecken und die Sauce 30 Minuten bei geringer Hitze köcheln lassen. Dabei gelegentlich umrühren.
- Kurz bevor die Sauce fertig ist, die Spaghetti in reichlich kochendem Salzwasser al dente garen.
- Die Spaghetti abgießen, auf tiefe Teller verteilen und mit der Sauce begießen. Mit Tomatenscheiben garnieren, mit den Parmesanspänen und der restlichen Petersilie bestreuen und sofort servieren.

Tagliatelle mit Petersilien-Zitronen-Öl

Zubereitung: 20–25 Minuten
Für 4 Personen

Zutaten

400 g Tagliatelle
Salz
1 kleine Handvoll Petersilie, fein geschnitten
Saft und abgeriebene Schale von 1 unbehandelten Zitrone
4 EL Olivenöl
Meersalz und schwarzer Pfeffer
4 EL Pinienkerne, bei sehr geringer Hitze ohne Fett in der Pfanne geröstet

- Die Tagliatelle in reichlich kochendem Salzwasser al dente garen.
- Unterdessen die Petersilie, die Zitronenschale, den Zitronensaft und das Olivenöl mit einem Stabmixer pürieren und mit Meersalz und schwarzem Pfeffer abschmecken.
- Die Tagliatelle abgießen und mit dem Petersilien-Zitronen-Öl und den Pinienkernen vermengen.
- Auf Teller verteilen und sofort servieren.

Tagliatelle mit Artischockenherzen und Kapern

Wie gut, dass es für manche Zwecke Artischockenherzen aus der Dose gibt. Denn so hübsch dieses Gemüse aussieht, so aufwendig ist es doch, an die Herzen zu gelangen.

Zubereitung: 20–25 Minuten
Für 4 Personen

Zutaten

400 g Tagliatelle
Salz
1 Dose (400 g) Artischockenherzen, geviertelt
1 EL Kapern
1 Zucchini, klein geschnitten
1 EL Olivenöl
1 Zwiebel, gehackt
2 Knoblauchzehen, fein geschnitten
100 ml Gemüsebrühe
1 kleine Handvoll Schnittlauchröllchen
1 kleine Handvoll Petersilie, fein gehackt
1 kleine Handvoll Oregano, fein gehackt
75 g Parmesan, in Späne gehobelt

- Die Tagliatelle in reichlich kochendem Salzwasser al dente garen.
- Unterdessen die Zucchini 2 Minuten blanchieren, anschließend abgießen und mit dem Stabmixer pürieren.
- Das Öl in einem Topf erhitzen und die Zwiebel mit dem Knoblauch glasig anschwitzen. Das Zucchinipüree, die Gemüsebrühe und die Kräuter dazugeben und gut umrühren. Danach die Artischockenherzen und die Kapern unterheben.
- Die Tagliatelle abgießen und auf Schalen oder Teller verteilen. Die Sauce darübergeben, mit den Parmesanspänen bestreuen und sofort servieren.

Tagliatelle mit Frühlingsgemüse

Die Pasta primavera ist kein klassisches italienisches Gericht, sondern wurde in den 1970er-Jahren in Amerika von Sirio Maccioni, einem Promi-Wirt aus New York, kreiert.

Zubereitung: 20–25 Minuten
Für 4 Personen

Zutaten

400 g grüne Tagliatelle
Salz
3 EL Olivenöl
1 Zwiebel, fein geschnitten
1 Knoblauchzehe, fein geschnitten
1 rote Paprikaschote, gewürfelt
250 g Zuckerschoten, blanchiert (2–3 Minuten in kochendes Wasser geben und anschließend unter fließendem kaltem Wasser abschrecken)
1 kleine Zucchini, der Länge nach halbiert und in Scheiben geschnitten
125 g Champignons, in Scheiben geschnitten
1 kleine Handvoll Petersilie, gehackt
2 Tropfen Tabasco
2 EL Pinienkerne, bei geringer Hitze ohne Fett in der Pfanne geröstet

- Die Tagliatelle in reichlich kochendem Salzwasser al dente garen.

- Unterdessen das Öl in einer Kasserolle erhitzen und die Zwiebel und den Knoblauch kurz darin anschwitzen. Die Paprikaschote und die Zuckerschoten dazugeben, dann das Gemüse noch 1 Minute braten.

- Zucchini, Champignons, Petersilie und Tabasco hinzufügen und das Ganze 1 Minute bei geringer Hitze köcheln lassen.

- Die Nudeln abgießen und mit dem Gemüse vermengen. Noch einmal erhitzen, auf Teller verteilen, mit den Pinienkernen bestreuen und sofort servieren.

»Stroh und Heu« mit rotem Pesto

Das ist unter den vielen schnellen Gerichten ein Superschnellgericht – wenn Sie das Pesto fertig kaufen. Es gibt einige recht gute …

Zubereitung: 25–30 Minuten
oder 10 Minuten bei Verwendung fertigen Pestos
Für 4 Personen

Zutaten

200 g schmale weiße Bandnudeln (z. B. Fettuccine oder Tagliatelle)
200 g schmale grüne Bandnudeln (z. B. Fettuccine oder Tagliatelle)
Salz

Für das Pesto:
75 g Pinienkerne, bei geringer Hitze ohne Fett in der Pfanne geröstet
150 g sonnengetrocknete Tomaten
4 EL Olivenöl

- Die Nudeln in reichlich kochendem Salzwasser al dente garen.

- Für das Pesto die Pinienkerne mit den getrockneten Tomaten im Mixer pürieren oder im Mörser zerstoßen und das Olivenöl unterrühren.

- Die Nudeln mit dem Pesto vermischen, auf vier Teller verteilen und sofort servieren.

Tipp: Sie besitzen weder eine Küchenmaschine noch einen Mörser? Wenn Sie es sich ganz leicht machen wollen, kaufen Sie ein gutes rotes Pesto und mischen es direkt aus dem Glas unter die heißen gekochten Nudeln … Buon appetito!

Pappardelle alla carbonara mit grünem Spargel

Spargel schmeckt einfach köstlich zu Pasta, egal ob weiß oder grün. Grüner Spargel kann auch gut geröstet werden.

Zubereitung: 90–100 Minuten
Für 4 Personen

Zutaten

400 g Pappardelle all'uovo (mit Ei)
10 Stangen grüner Spargel, geputzt und schräg in Scheiben geschnitten
1 EL Olivenöl
100 g gekochter Schinken, in Streifen geschnitten
125 g Sahne
100 g Parmesan, gerieben
2 Eigelb
Salz
frisch gemahlener schwarzer Pfeffer

- Den Spargel 5 Minuten blanchieren und anschließend unter fließendem kaltem Wasser abschrecken.
- Das Öl in einer Kasserolle erhitzen und den Schinken mit dem Spargel 1 Minute darin anbraten.
- Sahne, Parmesan und die Eigelbe in einer Schüssel verrühren, beiseitestellen.
- Die Nudeln in reichlich kochendem Salzwasser al dente garen, abgießen (dabei etwas Kochwasser auffangen), gut abtropfen lassen und wieder in den Topf füllen.
- Die heißen Nudeln mit dem Schinken und dem Spargel mischen. Die Eiersahne hinzufügen und gut umrühren, damit sich die Sauce gleichmäßig verteilt. Ist sie zu dick, mit etwas Nudelwasser verdünnen.
- Die Nudeln auf Teller verteilen, mit schwarzem Pfeffer übermahlen und sofort servieren.

Tipp: Der Zusatz »all'uovo« auf der Nudelpackung bedeutet, dass der Pastateig mit Eiern zubereitet wurde. Eiernudeln sind herzhafter und intensiver im Geschmack als herkömmliche Pasta und schmecken am besten mit sahnigen Saucen.

Trenette alla genovese

Wie die Holländer sind auch die Genuesen bekannt für ihre Sparsamkeit. Das erklärt möglicherweise, weshalb sie als Erste Pasta mit Kartoffeln und Bohnen kombinierten. Dann brauchten sie nämlich weniger Pesto.

Zubereitung: 20–25 Minuten
Für 4 Personen

Zutaten

400 g Trenette
2 festkochende Kartoffeln, geschält, halbiert und der Länge nach in etwa 0,5 cm dicke Scheiben geschnitten
100 g grüne Bohnen
Salz

Für das Pesto:
1 große Handvoll frisches Basilikum
2 Knoblauchzehen, in dünne Scheiben geschnitten
1½ EL Pinienkerne
100 g Parmesan, gerieben
4 EL Olivenöl
Salz

- Sämtliche Pestozutaten mit dem Stabmixer zu einer dicken Sauce verrühren.

- Die Kartoffeln und die Bohnen etwa 5 Minuten im offenen Topf in reichlich Salzwasser weich garen. Mit einem Schaumlöffel aus dem Topf heben und abtropfen lassen.

- Die Trenette in das Wasser geben, aufkochen und al dente garen.

- Das Pesto in eine große Schüssel füllen und mit drei bis vier Esslöffeln Nudelwasser verrühren.

- Die Nudeln abgießen und sorgfältig mit Pesto, Kartoffeln und Bohnen vermengen. Auf Teller verteilen und sofort servieren.

Tipp: Trenette kennt man nur in Ligurien. Falls Sie diese Sorte nicht bekommen, eignen sich ersatzweise auch schmale Bandnudeln.

Maccheroni mit Aubergine und Mozzarella

Zubereitung: 20 Minuten
Für 4 Personen

Zutaten

400 g Maccheroni
2 Auberginen, fein gewürfelt
2 Kugeln Mozzarella, fein gewürfelt
Salz
2 EL Olivenöl
1 Knoblauchzehe, grob gehackt
4 Tomaten, entkernt und gewürfelt
1 kleine Handvoll Basilikum, grob gehackt

- Das Öl in einer großen Kasserolle erhitzen und den Knoblauch 1 Minute bei geringer Hitze darin anschwitzen. Die Auberginen dazugeben und etwa 5 Minuten bei mittlerer Hitze anbraten und stetig umrühren, damit die Auberginen nicht anhängen.
- Die Tomaten und das Basilikum hinzufügen.
- Die Maccheroni in reichlich kochendem Salzwasser al dente garen.
- Die Nudeln abgießen und auf vier Teller verteilen. Die Mozzarellawürfel unter die Auberginen mischen, das Gemüse unter die Nudeln heben und sofort servieren.

Tipp: Beim Einkauf sollte man stets darauf achten, dass die Früchte fest sind, eine glänzende Schale haben und schwer in der Hand liegen.

Farfalle mit grünen Bohnen und Zuckerschoten

Zubereitung: 20–25 Minuten
Für 4 Personen

Zutaten

400 g Farfalle
100 g grüne Bohnen, gewaschen und klein geschnitten
Salz
100 g Zuckerschoten, klein geschnitten
100 ml Gemüsebrühe
1 rote Chilischote, entkernt und in feine Streifen geschnitten
frisch geriebener Pfeffer
1 Handvoll Petersilie, gehackt
1 Handvoll Basilikum, gehackt

- Die Farfalle in reichlich kochendem Salzwasser al dente garen.
- Danach die Brühe in einer großen Kasserolle aufkochen. Bohnen, Zuckerschoten und die Chilischote einige Minuten bei geringer Hitze darin gerade weich garen und mit Salz und Pfeffer abschmecken.
- Die Nudeln abgießen. Die Kräuter unter das Gemüse mischen und die Nudeln unterheben.
- Auf Teller oder Schalen verteilen und sofort servieren.

Bunte Fusilli mit Zucchiniblüten

Zucchini mit Blüten sind meist nur während der Saison für dieses Gemüse im späten Frühjahr und Sommer zu bekommen.

Zubereitung: 30 Minuten
Für 4 Personen

Zutaten

400 g Fusilli tricolore
6 kleine Zucchini mit Blüten
200 ml Gemüsebrühe
100 ml trockener Weißwein
200 g Sahne
100 g sonnengetrocknete Tomaten, in dünne Scheiben geschnitten
1 EL Olivenöl
1 Knoblauchzehe, fein geschnitten
Salz

- Die Gemüsebrühe mit dem Weißwein und der Sahne bei geringer Hitze um die Hälfte reduzieren. In den letzten 2 Minuten die getrockneten Tomaten dazugeben.

- Die Sauce mit dem Stabmixer pürieren.

- Die Zucchiniblüten in breite, die Zucchini in schmale Streifen schneiden.

- Das Öl in einer Pfanne erhitzen und die Zucchinistreifen mit dem Knoblauch darin weich braten. Die Zucchini in die Sauce geben. Anschließend vorsichtig die Zucchiniblüten unterheben. Einige Blüten zum Garnieren beiseitelegen.

- Die Nudeln in reichlich kochendem Salzwasser al dente garen, abgießen und mit der Sauce vermengen.

- Auf Teller verteilen, mit den restlichen Zucchiniblüten garnieren und sofort servieren.

Bunte Tortellini mit Paprikasauce

Zubereitung: 15 Minuten
Für 4 Personen

Zutaten

400 g Tortellini tricolore
1 rote Paprikaschote, gewürfelt
1 grüne Paprikaschote, gewürfelt
1 gelbe Paprikaschote, gewürfelt
200 ml Gemüsebrühe
100 ml trockener Weißwein
1 EL Tomatenmark

- Die Brühe mit dem Weißwein erhitzen, das Tomatenmark einrühren und das Ganze 4 Minuten bei geringer Hitze köcheln lassen.
- Die Paprikawürfel hinzufügen und weitere 4 Minuten köcheln lassen.
- Die Tortellini in reichlich kochendem Salzwasser garen.
- Die Tortellini abgießen, gut abtropfen lassen und auf kleine Schüsseln verteilen. Die Sauce darübergeben und sofort servieren.

Tipp: Sie können dem Gericht noch eine Geschmacksvariante entlocken, wenn Sie die Paprika vor dem Würfeln grillen.

Tortellini mit Ricotta-Spinat-Füllung und Champignonsauce

Zubereitung: 25 Minuten
Für 4 Personen

Zutaten

400 g Tortellini mit Ricotta-Spinat-Füllung
300 g Champignons, ⅓ fein gehackt, ⅔ in Scheiben geschnitten
200 ml Gemüsebrühe
100 ml Sherry
100 g Sahne
Salz | frisch gemahlener Pfeffer

- Die Brühe mit Sherry, Sahne und den gehackten Champignons in einen Topf geben und umrühren.
- Aufkochen und die Flüssigkeit in 10 Minuten bei geringer Hitze auf die Hälfte reduzieren lassen. Die Sauce anschließend durch ein Sieb passieren.
- Inzwischen die Tortellini in reichlich kochendem Salzwasser garen.
- Die Sauce noch einmal erhitzen, die Champignonscheiben hineingeben und 1 Minute köcheln lassen.
- Die Tortellini abgießen, gut abtropfen lassen und mit der Sauce in tiefen Tellern anrichten, mit Pfeffer übermahlen und servieren.

Muschelnudeln mit Ricotta, Erbsen und Béchamelsauce

Überbackene Nudelgerichte sind praktisch. Man kann sie meist weit im Vorfeld vorbereiten und muss, wenn die Gäste kommen, nur noch die Auflaufform ins Rohr schieben.

Zubereitung: 60 Minuten
Für 4 Personen

Zutaten

400 g große Muschelnudeln (Conchiglioni)
450 g Ricotta
200 g Erbsen
1 EL Butter
1 Schalotte, fein geschnitten
1 EL Mehl
200 ml Milch
100 g Parmesan, gerieben
Salz

- Den Backofen auf 200 °C (Umluft 180 °C, Gas Stufe 6) vorheizen.

- Für die Béchamelsauce die Butter in einer kleinen Kasserolle zerlassen. Die Schalotte darin weich dünsten. Das Mehl einrühren und 1 Minute kochen lassen, ohne dass es Farbe annimmt. Nach und nach die Milch einrühren. Die Sauce anschließend 1–2 Minuten bei geringer Hitze köcheln lassen und danach 50 Gramm Parmesan unterrühren.

- Die Erbsen in etwa 2 Minuten in kochendem Salzwasser weich garen.

- Den Ricotta mit dem restlichen Parmesan verrühren und die Erbsen untermischen.

- Die Nudeln in reichlich kochendem Salzwasser al dente garen, abgießen und auf einem Geschirrtuch abtropfen lassen.

- Die Nudeln mit der Ricotta-Erbsen-Mischung füllen, in eine eingefettete Auflaufform schichten und jede Nudel mit etwas Béchamelsauce begießen.

- Die Nudeln etwa 10 Minuten im Backofen backen.

Ravioli di magro

»Di magro« hat hier nichts mit dem Kaloriengehalt zu tun, sondern bedeutet so viel wie »fleischlos«. Seit jeher isst man diese Ravioli während der Fastenzeit.

Zubereitung: 70 Minuten
Für 4 Personen

Zutaten

Für den Ravioliteig:
300 g italienisches Pastamehl (Type 00, ersatzweise Weizenmehl Type 405)
3 Eier
½ TL Salz
½ EL Olivenöl

Für die Füllung:
1 kleine Zwiebel, fein gehackt
1 Knoblauchzehe, fein geschnitten
1 EL Olivenöl
400 g Spinat, grob gehackt
300 g Ricotta
Salz und frisch gemahlener Pfeffer
100 g Butter
1 kleine Handvoll frischer Salbei, in Streifen geschnitten

- Das Mehl auf die trockene Arbeitfläche sieben und eine Mulde in die Mitte drücken. Die Eier und das Salz hineingeben. Mit einer Gabel vorsichtig von der Mitte nach außen rühren, bis das Mehl vollständig mit den Eiern vermischt ist. Den Teig 10–15 Minuten kneten, bis er weich und elastisch ist. In Frischhaltefolie einschlagen und 30 Minuten ruhen lassen.
- Unterdessen die Zwiebel und den Knoblauch bei geringer Hitze im heißen Öl anschwitzen. Den Spinat hinzufügen und zusammenfallen lassen. Die Mischung durch ein Sieb passieren und in eine Schüssel füllen. Den Ricotta untermengen und mit Salz und Pfeffer abschmecken.
- Den Teig auf der bemehlten Arbeitsfläche zu einem etwa zwei Millimeter dünnen Rechteck ausrollen. Die Füllung entlang einer gedachten Linie in der Mitte des Rechtecks in regelmäßigen Abständen in kleinen Häufchen auf den Teig setzen. Den Teig rund um die Füllung mit einem nassen Pinsel anfeuchten. Die andere Teighälfte darüberklappen und den Teig rund um die Füllungen leicht andrücken. Mit einem Teigrädchen oder einem Ravioli-Ausstecher halbmondförmige oder quadratische Ravioli ausschneiden und die Ränder mit den Zinken einer Gabel fest zusammendrücken.
- Die Ravioli 3–4 Minuten in reichlich kochendem Wasser garen und anschließend abgießen.
- Unterdessen die Butter bei geringer Hitze mit dem Salbei zerlassen – dabei nicht braun werden lassen.
- Die Ravioli auf die Teller verteilen, mit der Salbeibutter beträufeln und sofort servieren.

Tipp: Sehr gut schmecken *Ravioli di magro* auch mit einer Sahnesauce, etwas Butter und Parmesan.

Ravioli mit Paprikaschote, Ricotta, Aubergine und Mascarpone

Zubereitung: 70 Minuten
Für 4 Personen

Zutaten

Für den Pastateig:
300 g italienisches Pastamehl (Type 00, ersatzweise Weizenmehl Type 405)
3 Eier
Salz

1 rote Paprikaschote, gewürfelt
100 g Ricotta
1 Aubergine, 1/3 fein gewürfelt, der Rest halbiert und in Scheiben geschnitten
50 g Mascarpone
4 EL Olivenöl
Salz und Pfeffer
6 Knoblauchzehen, in dünne Scheiben geschnitten
12 Basilikumblätter, in schmale Streifen geschnitten
2 EL entsteinte schwarze Oliven, halbiert
2 EL Balsamicoessig

- Das Mehl auf die saubere Arbeitfläche sieben und eine Mulde in die Mitte drücken. Eier und Salz hineingeben. Mit einer Gabel vorsichtig von der Mitte nach außen rühren, bis das Mehl vollständig mit den Eiern vermischt ist. Den Teig 10–15 Minuten kneten, bis er weich und elastisch ist. In Frischhaltefolie einschlagen und 30 Minuten ruhen lassen.
- Für die Füllung die Hälfte der Paprikawürfel und die Auberginenwürfel einige Minuten in einem Esslöffel Öl anbraten. Ricotta und Mascarpone einrühren und mit Salz und Pfeffer abschmecken.
- Den Ravioliteig auf der bemehlten Arbeitsfläche zu etwa zwei Millimeter dünnen Rechtecken ausrollen. Die Füllung entlang einer gedachten Linie in der Mitte des Rechtecks in regelmäßigen Abständen in kleinen Häufchen auf den Teig setzen. Den Teig rund um die Füllung mit einem nassen Pinsel anfeuchten. Die andere Teighälfte darüberklappen und den Teig rund um die Füllungen leicht andrücken. Mit einem Teigrädchen quadratische Ravioli ausschneiden und die Ränder mit den Zinken einer Gabel fest zusammendrücken.
- Den Knoblauch im restlichen Öl kurz anbraten. Die Auberginenscheiben für etwa 2 Minuten dazugeben. Die restlichen Paprikawürfel hinzufügen und alles noch 1 Minute braten. Vom Herd nehmen und das Basilikum unterrühren.
- Die Ravioli etwa 3 Minuten in reichlich kochendem Salzwasser garen.
- Die Auberginen-Paprika-Mischung auf Teller verteilen, die Ravioli abgießen und anrichten, mit Oliven garnieren und mit Balsamicoessig beträufeln.

Ravioli mit Haselnuss-Mascarpone-Sauce

Sahnig und nussig die Sauce, darauf die Schärfe des Rucola. Schon das ist ein interessanter aromatischer Zusammenklang. Und dann noch die Steinpilze!

Zubereitung: 20 Minuten
Für 4 Personen

Zutaten

400 g frische Ravioli mit Steinpilzfüllung (aus dem italienischen Feinkostgeschäft)
150 g Haselnüsse
200 ml Gemüsebrühe
200 g Mascarpone
1 Handvoll Rucola, gehackt

- Die Haselnüsse in der Küchenmaschine fein mahlen. Die Gemüsebrühe und den Mascarpone zu einer glatten Sauce verrühren. Die Nüsse untermischen, das Ganze 5 Minuten bei geringer Hitze köcheln lassen und anschließend mit dem Stabmixer zu einer homogenen Sauce verrühren.

- Die Ravioli in reichlich kochendem Salzwasser al dente garen, abgießen, abtropfen lassen und auf Teller verteilen.

- Etwas Sauce darübergeben, mit dem Rucola bestreuen und sofort servieren.

Tortiglioni mit Tomatensauce und Parmesan

Zubereitung: 15–20 Minuten
Für 4 Personen

Zutaten

400 g Tortiglioni
4 Tomaten, geviertelt
100 g Parmesan, fein gehobelt
Salz
1 EL Olivenöl
1 rote Zwiebel, halbiert und in Ringe geschnitten

- Die Tortiglioni in reichlich kochendem Salzwasser al dente garen.
- Inzwischen das Olivenöl in einer Kasserolle erhitzen und die Tomaten mit der Zwiebel etwa 5 Minuten bei mittlerer bis starker Hitze darin anbraten. Den Topf vom Herd nehmen und die Tomaten mit dem Stabmixer nicht zu fein pürieren.
- Die Nudeln abgießen und mit der Sauce vermengen. Auf Schalen verteilen, mit dem Parmesan bestreuen und sofort servieren.

Tipp: Rote Zwiebeln sind milder und haben einen süßlicheren Geschmack als weiße und gelbe.

Lasagne-Burger mit Tomate, Pesto und Ziegenkäse

Zubereitung: 30–35 Minuten
Für 4 Personen

Zutaten

8 Lasagneblätter
Salz
4 Tomaten, in Scheiben geschnitten
4 EL Pesto (siehe Rezept Seite 94)
400 g weicher Ziegenkäse, zerkrümelt
Olivenöl für die Form

- Den Backofen auf 200 °C (Umluft 180 °C, Gas Stufe 6) vorheizen.
- Die Lasagneblätter in reichlich kochendem Salzwasser al dente garen beziehungsweise nach Packungsanweisung kochen.
- Unterdessen mit einem runden Ausstecher 16 Kreise aus den Blättern ausschneiden.
- Eine Auflaufform mit Olivenöl einfetten und Vier »Lasagne-Burger« hineinsetzen: Dazu zunächst vier Lasagnescheiben auf den Boden legen. Eine Schicht Ziegenkäse darauf verteilen, eine Tomatenscheibe und danach wieder eine Lasagnescheibe darauflegen und darauf einen halben Esslöffel Pesto verteilen. Den Vorgang wiederholen, bis die Zutaten aufgebraucht sind. Den Abschluss sollte eine Lasagnescheibe bilden. Zum Schluss etwas Olivenöl darüberträufeln.
- Die Lasagne-Burger etwa 5 Minuten im Backofen überbacken, bis der Käse zu schmelzen beginnt.

Tipp: Dazu passt ein grüner Salat.

Agnolotti mit Artischocken-Mousse und Tomatensauce

Agnolotti sind gefüllte Teigtaschen. Sie stammen ursprünglich aus dem Piemont, wo man sie gewöhnlich mit einer Mischung aus Gemüse und Fleischresten füllte.

Zubereitung: 60–70 Minuten
Für 4 Personen

Zutaten

Für den Pastateig:
300 g italienisches Pastamehl (Type 00, ersatzweise Weizenmehl Type 405)
3 Eier
Salz

Für die Füllung:
1 Glas (400 g) Artischockenherzen in Öl
1 Knoblauchzehe, durchgepresst
1 kleine Handvoll Basilikumblätter, gehackt
50 g Parmesan, gerieben
Salz und Pfeffer

Für die Tomatensauce:
400 g frische Tomaten, enthäutet und grob gehackt (oder 1 Dose geschälte Tomaten)
3 EL Olivenöl
1 Karotte, in dünne Scheiben geschnitten
1 Zwiebel, in feine Ringe geschnitten
1 Stange Sellerie, in dünne Scheiben geschnitten
2 EL frische, gehackte Kräuter (z. B. Basilikum, Oregano, Petersilie und Thymian)
+ Basilikumstreifen zum Garnieren
Salz und Pfeffer

- Für die Sauce das Öl in einer Kasserolle erhitzen und Karotte, Zwiebel und Sellerie darin anbraten. Die Tomaten und die Kräuter dazugeben. Alles 20 Minuten bei geringer Hitze köcheln lassen, mit Salz und Pfeffer abschmecken.
- Das Mehl auf die Arbeitfläche sieben und eine Mulde in die Mitte drücken. Die Eier und einen halben Teelöffel Salz hineingeben. Mit einer Gabel von der Mitte nach außen rühren, bis alles vollständig vermischt ist. Den Teig 10–15 Minuten kneten, bis er weich und elastisch ist. In Frischhaltefolie einschlagen und 30 Minuten ruhen lassen.
- Für die Füllung alles mit dem Stabmixer glatt verrühren. Etwas Artischockenöl aus dem Glas hinzufügen, mit Salz und Pfeffer abschmecken.
- Den Teig auf der trockenen, bemehlten Arbeitsfläche zu etwa zwei Millimeter dünnen Rechtecken ausrollen. Die Füllung entlang einer gedachten Linie in der Mitte des Rechtecks in regelmäßigen Abständen in kleinen Häufchen auf den Teig setzen. Den Teig rund um die Füllung mit einem nassen Pinsel anfeuchten. Die andere Teighälfte darüberklappen und rundherum leicht andrücken. Mit einem Ravioli-Ausstecher Halbmonde (Agnolotti) ausstechen und die Ränder gut andrücken.
- Die Agnolotti 3–4 Minuten in reichlich kochendem Salzwasser garen.
- Die Agnolotti abgießen, mit der Tomatensauce auf vier Teller mit Basilikum anrichten.

Cannelloni mit Spinat-Käse-Füllung

Zubereitung: 40–45 Minuten
Für 4 Personen

Zutaten

250 g Cannelloni
500 g Spinat, gewaschen und gehackt
1 kleine Handvoll Basilikumblätter, gehackt
250 g Hartkäse, gerieben
Salz und frisch gemahlener Pfeffer
Butter für die Form
2 EL Pinienkerne

- Den Backofen auf 200 °C (Umluft 180 °C, Gas Stufe 6) vorheizen.
- Wasser in einem großen Topf zum Kochen bringen und den Spinat darin zusammenfallen lassen. Anschließend abgießen und in einem Sieb abtropfen lassen. Dabei die Flüssigkeit möglichst vollständig herauspressen.
- Das Basilikum und etwas mehr als die Hälfte des Käses unter den Spinat mischen und mit Salz und Pfeffer abschmecken.
- Eine Auflaufform mit Butter einfetten. Die Cannelloni mit dem Spinat füllen, am besten mit einem Spritzbeutel, in die Auflaufform schichten mit dem restlichen Käse und den Pinienkernen bestreuen.
- Die Cannelloni etwa 30 Minuten im Backofen garen, bis sie oben goldbraun sind.

Cannelloni mit Portulak, Ricotta und Tomatensauce

Zubereitung: 50 Minuten
Für 4 Personen

Zutaten

250 g Cannelloni, gegebenenfalls vorgekocht (Packungsanweisung beachten)
500 g Portulak, gewaschen | 200 g Ricotta
4 Tomaten, entkernt und gewürfelt
1 kleine Handvoll Basilikumblätter, gehackt
Salz und frisch gemahlener Pfeffer | Butter für die Form | 50 g Parmesan, grob gerieben

Für die Tomatensauce:
400 g frische Tomaten oder 1 Dose geschälte Tomaten | 3 EL Olivenöl | 1 Karotte, fein gehackt | 1 Zwiebel, fein geschnitten
1 Stange Sellerie, fein gehackt | 2 Knoblauchzehen, geschält | 1 rote Chilischote, entkernt und fein geschnitten | 2 EL frisch gehackte Kräuter (z. B. Basilikum, Petersilie, Oregano und Thymian)

- Den Backofen auf 200 °C (Umluft 180 °C, Gas Stufe 6) vorheizen.
- Tomaten enthäuten und hacken.
- Das Öl in einer Kasserolle erhitzen und Karotte, Zwiebel und Sellerie darin anschwitzen, bis die Zwiebel glasig ist. Knoblauch und Chili, dann Tomaten und Kräuter hinzufügen, mit Salz und Pfeffer abschmecken, alles bei geringer Hitze zu einer Sauce einkochen lassen.
- Wasser zum Kochen bringen und den Portulak darin zusammenfallen lassen. Abgießen und in einem Sieb abtropfen lassen. Dabei die Flüssigkeit möglichst vollständig aus den Blättern herauspressen.
- Den Portulak in schmale Streifen schneiden, in einer Schüssel mit Tomaten, Basilikum und Ricotta vermengen und mit Salz und Pfeffer abschmecken.
- Die Cannelloni mit der Portulakmischung füllen, am besten mit einem Spritzbeutel. Eine Auflaufform mit der Butter einfetten, die Cannelloni hineinschichten, mit der Tomatensauce übergießen und 30 Minuten im Backofen garen.
- Die Cannelloni auf vier Teller verteilen, mit dem Parmesan bestreuen und sofort servieren.

Alles Pasta – Salate

Kalte Pastasalate mit Gemüse, Hähnchenfleisch oder Meeresfrüchten sind in der Regel nicht Bestandteil der traditionellen italienischen Küche. Heute serviert man sie aber auch in Italien, wo sie gewöhnlich mit *Olivenöl und Essig* angemacht werden. Für Salate verwendet man eher kurze Nudeln, weil sie einfach besser zu dem grob geschnittenen Gemüse passen. Die Nudeln müssen nach dem Kochen kurz unter fließendem kaltem Wasser abgeschreckt werden, damit sie schneller abkühlen und nicht weitergaren.
Pastasalate sind *wunderbar abwechslungsreich* und sättigend. Und sie halten sich selbst nach dem Anmachen einige Zeit im Kühlschrank – es sei denn, sie enthalten Frischfleisch oder Meeresfrüchte. Sie eignen sich auch perfekt für Picknicks und Grillfeste.

Fusilli bucati mit Bresaola und Rucola

Ein schnell gemachtes Pesto verleiht dem Gericht den »grünen Kick«.

Zubereitung: 25–30 Minuten
Für 4 Personen

Zutaten

400 g Fusilli bucati
Salz
100 g Bresaola, in schmale Streifen geschnitten

Für das Pesto:
150 g Rucola
3 EL Pinienkerne, bei sehr geringer Hitze ohne Fett in der Pfanne geröstet
2 Knoblauchzehen, fein geschnitten
100 g Parmesan, gerieben
4 EL Olivenöl

- Die Nudeln in reichlich kochendem Salzwasser al dente garen und anschließend unter fließendem kaltem Wasser abschrecken.

- Für das Pesto Rucola, Pinienkerne, Knoblauch und Parmesan im Mixer pürieren und zum Schluss das Olivenöl unterrühren.

- Die erkalteten Nudeln mit dem Pesto und dem Bresaola vermengen und als Salat servieren.

Fusilli mit Lachs und Meeresfrüchten

Der festfleischige Lachs ist sowohl warm als auch kalt eine Köstlichkeit.

Zubereitung: 30–35 Minuten
Für 4 Personen

Zutaten

400 g Fusilli
100 g Lachsfilet, in Würfel geschnitten
100 g Tintenfisch, klein geschnitten
12 rohe Scampi, geschält und die Därme entfernt
100 g frisches Krebsfleisch
Salz
1 EL Olivenöl
1 rote Zwiebel, halbiert und in Ringe geschnitten
1 Frühlingszwiebel, in dünne Ringe geschnitten
12 entsteinte schwarze Oliven
2 EL Joghurt
1 EL Balsamicoessig
1 kleine Handvoll Dill, grob gehackt
+ etwas Dill zum Garnieren

- Die Fusilli in reichlich kochendem Salzwasser al dente garen.

- Unterdessen das Olivenöl in einer Pfanne erhitzen und den Tintenfisch etwa 2 Minuten darin anbraten. Den Lachs und die Scampi dazugeben, das Ganze noch 1 Minute kochen lassen und die Pfanne dann vom Herd nehmen.

- Das Krebsfleisch, Zwiebel, Frühlingszwiebel und die Oliven vorsichtig unterheben und abkühlen lassen.

- Die Nudeln abgießen, kurz unter fließendem kaltem Wasser abschrecken und in einem Sieb abtropfen lassen. Die abgetropften Nudeln in eine große Schüssel füllen.

- Aus Joghurt, Essig und Dill eine Sauce rühren und mit Salz abschmecken.

- Die Nudeln unter die Meeresfrüchte heben und das Dressing darübergeben. Den Salat in tiefen Tellern anrichten und mit Dill bestreuen.

Orecchiette mit Bohnen und Rosinen

Zubereitung: 20–25 Minuten
Für 4 Personen

Zutaten

400 g Orecchiette
1 Dose (400 g) Limabohnen
200 g grüne Bohnen, bissfest gegart und abgeschreckt
2 EL Rosinen
1 EL Weißweinessig | 1 EL Zucker
100 ml Gemüsebrühe | 1 EL Olivenöl
1 rote Zwiebel, halbiert und in Ringe geschnitten
½ rote Chilischote, entkernt und in feine Ringe geschnitten
1 kleine Handvoll Petersilie, fein geschnitten
Salz und frisch gemahlener Pfeffer

- Für das Dressing den Essig in einem kleinen Topf mit dem Zucker und der Brühe verrühren und bei geringer Wärmezufuhr erhitzen, bis sich der Zucker aufgelöst hat. Die Mischung anschließend in eine große Schüssel gießen.
- Öl, Rosinen, Bohnen, Zwiebel, Chili und Petersilie in die Schüssel geben, mischen und das Ganze etwa 30 Minuten durchziehen lassen.
- Unterdessen die Nudeln in reichlich kochendem Salzwasser al dente garen.
- Die Pasta abgießen, kurz unter fließendem kaltem Wasser abschrecken und abtropfen lassen.
- Die Nudeln mit der Bohnenmischung vermengen, mit Salz und frisch gemahlenem Pfeffer abschmecken und in kleinen Schüsseln servieren.

Tipp: Werden die Rosinen über längere Zeit gelagert, kann der darin enthaltene Zucker auskristallisieren. Deshalb sollte man sie vor der Zubereitung in Flüssigkeit einweichen, damit sich der kristallisierte Zucker wieder auflöst.

Penne mit Thunfisch-Tapenade

Zubereitung: 35 Minuten
Für 4 Personen

Zutaten

400 g Penne | Salz

Für die Thunfisch-Tapenade:
1 Dose Thunfisch in Öl, abgetropft
100 g entsteinte schwarze Oliven, fein gehackt | 1 EL Kapern, fein gehackt
10 Sardellenfilets (aus der Dose), fein gehackt
100 ml Olivenöl | 4 sonnengetrocknete Tomaten in Öl, fein gehackt
2 EL frisch gehacktes Basilikum
1 EL Zitronensaft

- Die Penne in reichlich kochendem Salzwasser al dente garen.
- Die Nudeln abgießen, kurz unter fließendem kaltem Wasser abschrecken und in einem Sieb abtropfen lassen. Die abgetropften Nudeln in eine große Schüssel füllen.
- Die Tapenade-Zutaten miteinander vermengen und die Tapenade über die Nudeln geben. In kleinen Salatschüsseln servieren.

Schwarze Linguine mit Tintenfischsalat

Schwarze Nudeln sind optisch sehr reizvoll, In Kombination mit den hellen Zutaten dieses Salats ergibt sich ein schöner Kontrast. Das Auge isst schließlich mit.

Zubereitung: 90 Minuten
plus mindestens 2 Stunden zum Durchziehen der Zutaten
Für 4 Personen

Zutaten

400 g schwarze Linguine
1 kleiner frischer Tintenfisch, etwa ½ Stunde tiefgefroren
Salz
5 EL Olivenöl
50 ml trockener Weißwein
1 rote Zwiebel, in Ringe geschnitten
½ rote Paprikaschote, gewürfelt
½ gelbe Paprikaschote, gewürfelt
1 Knoblauchzehe, durchgepresst
Saft von 1 Zitrone
1 Zweig Rosmarin, die Blätter fein gehackt
1 Zweig Thymian, die Blätter fein gehackt
10 entsteinte schwarze Oliven, gehackt

- Einen großen Topf mit Wasser füllen. Das Wasser aufkochen lassen und salzen. Den Tintenfisch hineingleiten lassen, die Wärmezufuhr verringern. Den Tintenfisch etwa 1 Stunde kochen lassen. Er ist gar, wenn sich das Fleisch an der dicksten Stelle mühelos mit einem Messer einstechen lässt.

- Den Tintenfisch kurz unter fließendem kaltem Wasser abschrecken und die schleimige Substanz zwischen den Tentakeln entfernen. Den Tintenfisch anschließend klein schneiden.

- In einer großen Schüssel das Öl mit dem Weißwein verrühren. Die restlichen Zutaten bis auf die Linguine hinzufügen und mit etwas Salz und gegebenenfalls etwas Zitronensaft abschmecken. Den Salat vor dem Servieren mindestens 2 Stunden, am besten über Nacht durchziehen lassen, damit die Zutaten ihr Aroma entfalten können.

- Die Linguine in reichlich kochendem Salzwasser al dente garen.

- Die Nudeln abgießen, kurz unter fließendem kaltem Wasser abschrecken und in einem Sieb gut abtropfen lassen.

- Die Nudeln auf Teller verteilen und den Tintenfischsalat darauf anrichten.

Tipp: Tintenfische mit dicken Tentakeln können recht zäh sein. Aus diesem Grund schlug man die Tiere früher mehrmals gegen die Klippen. Heute erzielt man den gleichen Effekt durch Tiefgefrieren.

Mezzi Rigatoni mit Hähnchenfilet und Spargel

Zubereitung: 35 Minuten
Für 4 Personen

Zutaten

400 g Mezzi Rigatoni
200 g Hähnchenfilet, in Würfel geschnitten
500 g Spargel, geschält, in Stücke geschnitten und bissfest gegart | Salz | 1 EL Olivenöl
2 Knoblauchzehen, fein geschnitten | 1 gelbe Paprikaschote, gewürfelt | 500 g Kirschtomaten, halbiert | 1 kleine Handvoll frischer Schnittlauch, in Röllchen geschnitten

Für das Dressing:
1 Eigelb | 1 TL Senf |1 TL Honig
100 ml Gemüsebrühe | 1 EL Balsamicoessig
5 EL Maiskeimöl | Salz

- Die Nudeln in reichlich kochendem Salzwasser al dente garen.
- Unterdessen das Olivenöl in einer Pfanne erhitzen und den Knoblauch darin anschwitzen. Das Fleisch dazugeben und etwa 2 Minuten durchbraten.
- Für das Dressing Eigelb, Senf, Honig, Brühe und Essig mit dem Handmixer verrühren und dabei das Öl in einem feinen Strahl einlaufen lassen. So bekommt die Sauce eine schöne glatte Konsistenz. Mit Salz und etwas Honig abschmecken.
- Die Nudeln abgießen, kurz unter fließendem kaltem Wasser abschrecken und in einem Sieb abtropfen lassen. Die abgetropften Nudeln in eine große Schüssel füllen.
- Das Fleisch, das Gemüse und den Schnittlauch zu den Nudeln geben, das Dressing darübergießen und alles vorsichtig vermengen. Auf Schalen verteilen und servieren.

Penne mit Käse und Avocado

Zubereitung: 20–25 Minuten
Für 4 Personen

Zutaten

400 g Penne
200 g Hartkäse, fein gewürfelt
1 reife Avocado, fein gewürfelt
Salz | 1 rote Zwiebel, halbiert und in Ringe geschnitten
4 Tomaten, entkernt und klein geschnitten
1 kleine Handvoll frische Korianderblätter, gehackt | Saft von 2 Limetten

- Die Penne in reichlich kochendem Salzwasser al dente garen.
- Die Nudeln abgießen, kurz unter fließendem kaltem Wasser abschrecken und anschließend in einem Sieb gut abtropfen lassen. Die abgetropften Nudeln in eine große Schüssel füllen.
- Käsewürfel, Zwiebel, Tomaten, Koriander und Avocado mit den Nudeln vermengen und den Salat mit Limettensaft abschmecken.

Tipp: Es gibt mehr als 500 Avocadosorten. Einige sind nur so groß wie ein Daumen, andere (vor allem die Avocados aus der Karibik) bringen dagegen fast zwei Pfund auf die Waage. Die Frucht zum Schälen am besten rundherum der Länge nach bis zum Kern einschneiden. Die beiden Hälften dann leicht gegeneinanderdrehen und auseinandernehmen.

Alles Pasta – mit viel Käse

In der italienischen Küche verwendet man im Allgemeinen zwei Arten von Sahne: *panna da cucina*, eine Art Crème double, und *panna da dolce* oder *da montare* (Schlagsahne). Panna da cucina wird vorwiegend für Pastasaucen und andere warme Speisen verwendet. Sie ist dicker und hat einen höheren Fettgehalt als Schlagsahne. Deshalb eignet sie sich hervorragend für *gehaltvolle Saucen*, wie man sie in Gerichten wie Spaghetti all'Alfredo findet. Greifen Sie ruhig auch einmal auf andere Käsesorten als Parmesan und Pecorino zurück, um Ihren Saucen die gewünschte cremige *Konsistenz* zu verleihen. Und sollten Sie sich wegen der Kalorien Gedanken machen, ersetzen Sie den fetten Mascarpone (bis zu 90 Prozent Fett) einfach durch Ricotta mit einem Fettgehalt von 25 Prozent.

Vollkorn-Spaghetti mit Ziegenkäse und Paprikaschoten

Ziegenkäse gibt es in vielen Varianten. Schmackhaft sind sie alle!

Zubereitung: 50–60 Minuten
Für 4 Personen

Zutaten

400 g Vollkorn-Spaghetti
150 g weicher Ziegenkäse, zerkrümelt
2 rote Paprikaschoten
2 gelbe Paprikaschoten
2 grüne Paprikaschoten
1 EL Olivenöl
3 Knoblauchzehen, fein geschnitten
1 EL Balsamicoessig
Salz
1 kleine Handvoll Petersilie, grob gehackt

- Den Backofen auf 200 °C (Umluft 180 °C, Gas Stufe 6) vorheizen.

- Die Paprikaschoten in eine Auflaufform legen und etwa 30 Minuten im Backofen rösten.

- Die Form anschließend aus dem Ofen nehmen, mit Alufolie oder einem Geschirrtuch abdecken und wieder in den ausgeschalteten Backofen stellen. Sobald die Paprikaschoten abgekühlt sind, die Stiele, die Samen und die Schale (sie sollte sich jetzt ganz leicht abziehen lassen) entfernen. Den Saft auffangen und das Fruchtfleisch in schmale Streifen schneiden.

- Das Öl in einer Pfanne erhitzen und den Knoblauch 1 Minute darin anschwitzen, ohne dass er Farbe annimmt. Anschließend die Paprikastreifen mit dem Saft und den Balsamicoessig hinzufügen.

- Die Spaghetti in reichlich kochendem Salzwasser al dente garen, abgießen und mit den Paprikaschoten vermengen.

- Die Nudeln auf vier tiefe Teller verteilen, mit dem zerkrümelten Ziegenkäse und der Petersilie bestreuen und sofort servieren.

Stringhetti mit Safran

Die Stempelfäden des Safrankrokus haben einen süßen, aromatischen Geruch und Safran färbt wunderbar: Er zaubert die Sonne auf den Teller.

Zubereitung: 20 Minuten
Für 4 Personen

Zutaten

400 g Stringhetti all'uovo (mit Ei) oder Tagliolini
1 Msp. Safran
100 ml trockener Weißwein
Salz
250 g Sahne
100 g Parmesan, gerieben
1 Eigelb

- Den Weißwein in einem Topf erhitzen, den Safran einrühren und einige Minuten bei geringer Hitze ziehen lassen.

- Inzwischen die Nudeln in reichlich kochendem Salzwasser al dente garen.

- Die Sahne und den Parmesan in den Wein rühren. Sobald der Käse geschmolzen ist, den Topf vom Herd nehmen und das Eigelb einrühren. Dabei darauf achten, dass sich keine Klümpchen bilden.

- Die Nudeln abgießen und mit der Sauce vermengen. Auf kleine Schüsseln verteilen und sofort servieren.

Lasagne »Drei Käse«

Zubereitung: 50–60 Minuten
Für 4 Personen

Zutaten

1 Packung (500 g) Lasagneblätter, gegebenenfalls vorgekocht)
je 100 g weicher Ziegenkäse, zerkrümelt; Hartkäse, gerieben; Parmesan, gerieben
1 EL Olivenöl + Olivenöl für die Form
1 Zwiebel, fein gehackt | 3 Knoblauchzehen, durchgepresst | 150 g Pilze, in dünne Scheiben geschnitten | 1 rote Chilischote, entkernt und fein geschnitten | 1 rote Paprikaschote, gewürfelt | 1 grüne Paprikaschote, gewürfelt
2 Dosen (à 400 g) geschälte Tomaten
100 ml Tomatensaft (von den Dosentomaten)
Salz und Pfeffer

- Den Backofen auf 200 °C (Umluft 180 °C, Gas Stufe 6) vorheizen.
- Das Öl in einer Kasserolle erhitzen und die Zwiebel glasig anschwitzen. Den Knoblauch hinzufügen und 1–2 Minuten mitbraten.
- Pilze, Chilischote und Paprikaschoten dazugeben und 1 Minute anbraten. Die Tomaten und den Tomatensaft hinzufügen und das Ganze etwa 5 Minuten köcheln lassen. Salzen und pfeffern.
- Eine Auflaufform einfetten und den Boden dünn mit Tomatensauce bestreichen. Die Zutaten nun in der Form schichten: Lasagneblätter, Tomatensauce, Ziegenkäse, Lasagneblätter, Tomatensauce, Hartkäse. Den Vorgang wiederholen, bis alle Zutaten aufgebraucht sind. Den Abschluss sollte eine Schicht Tomatensauce bilden. Zum Schluss den Parmesan darüberstreuen.
- Die Lasagne etwa 30 Minuten im Backofen garen, bis sie oben goldbraun ist.

Lasagne mit Mozzarella und Béchamelsauce

Zubereitung: 50–55 Minuten
Für 4 Personen

Zutaten

1 Packung (500 g) Lasagneblätter (siehe Rezept oben) | 3 Kugeln Mozzarella, in Scheiben geschnitten | 1 EL Olivenöl + Olivenöl für die Form | 1 Zwiebel, fein geschnitten
2 Knoblauchzehen, fein geschnitten | 1 Aubergine, gewürfelt | 1 grüne Paprikaschote, gewürfelt | 1 Frühlingszwiebel, in Ringe geschnitten | 1 kleine Handvoll Basilikumblätter, grob gehackt | Salz

Für die Béchamelsauce:
40 g Butter | 40 g Weizenmehl, gesiebt
200 ml warme Vollmilch | 200 ml Gemüsebrühe | Salz und Pfeffer | 1 Messerspitze geriebene Muskatnuss

- Den Backofen auf 200 °C (Umluft 180 °C, Gas Stufe 6) vorheizen.
- Für die Béchamelsauce die Butter in einem Topf zerlassen und das Mehl einrühren. Unter Rühren nach und nach die Milch und die Brühe angießen, bis eine glatte Sauce entstanden ist. Mit Salz, Pfeffer und Muskatnuss abschmecken und den Topf vom Herd nehmen.
- Das Öl in einer Pfanne erhitzen und die Zwiebel mit dem Knoblauch etwa 1 Minute darin anschwitzen. Die Aubergine hinzufügen und 1 Minute bei starker Hitze anbraten. Paprikaschote, Frühlingszwiebel und Basilikum dazugeben und 1 Minute unter Rühren anbraten.
- Eine Auflaufform mit Olivenöl einfetten und den Boden mit Lasagneblättern auslegen. Eine Schicht Gemüse, eine Schicht Mozzarella und eine Schicht Béchamelsauce darauf verteilen. Den Vorgang so lange wiederholen, bis die Zutaten aufgebraucht sind. Den Abschluss sollten Mozzarellascheiben und eine Schicht Sauce bilden. Die Lasagne anschließend etwa 30 Minuten im Backofen garen, bis sie oben goldbraun ist.

Tortellini mit Ricotta-Spinat-Füllung und Champignonsauce

Zubereitung: 25 Minuten
Für 4 Personen

Zutaten

400 g Tortellini mit Ricotta-Spinat-Füllung
300 g Champignons, 1/3 fein gehackt, 2/3 in Scheiben geschnitten
200 ml Gemüsebrühe
100 ml Sherry
100 g Sahne
Salz
frisch gemahlener Pfeffer

- Die Brühe mit Sherry, Sahne und den gehackten Champignons in einen Topf geben und umrühren.
- Aufkochen und die Flüssigkeit in 10 Minuten bei geringer Hitze auf die Hälfte reduzieren lassen. Die Sauce anschließend durch ein Sieb passieren.
- Unterdessen die Tortellini in reichlich kochendem Salzwasser garen.
- Die Sauce noch einmal erhitzen, die Champignonscheiben hineingeben und 1 Minute köcheln lassen.
- Die Tortellini abgießen, gut abtropfen lassen und mit der Sauce in tiefen Tellern anrichten, mit Pfeffer übermahlen und servieren.

Lasagnette mit Kirschtomaten und Knoblauch

Zubereitung: 20–25 Minuten
Für 4 Personen

Zutaten

400 g Lasagnette
500 g Kirschtomaten, halbiert
16 Knoblauchzehen, halbiert
8 EL Olivenöl
Salz und Pfeffer

- Den Backofen auf 180 °C (Umluft 160 °C, Gas Stufe 4) vorheizen.
- Die Tomaten mit dem Knoblauch in eine Auflaufform schichten, mit dem Olivenöl beträufeln, mit Salz und Pfeffer bestreuen und etwa 25 Minuten im Backofen rösten.
- Wenn die Tomaten und der Knoblauch fast weich sind, die Lasagnette in reichlich kochendem Salzwasser al dente garen.
- Die Nudeln abgießen und mit den Tomaten, dem Knoblauch und der Garflüssigkeit vermengen. Auf vier tiefe Teller verteilen und sofort servieren.

Tipp: Im Backofen geröstet wird Knoblauch wunderbar zart und süß und lässt sich sogar verstreichen: Eine ganze Knolle eine halbe Stunde bei mittlerer Hitze im Backofen rösten, anschließend herausnehmen und in der Mitte durchschneiden. Die Knoblauchpaste mit einem Buttermesser herausschaben und zum Bestreichen von Bruschetta oder Ähnlichem verwenden.

Penne mit Birnen, Pistazien und Gorgonzola

Zubereitung: 35 Minuten
Für 4 Personen

Zutaten

400 g Penne
4 Tafelbirnen
2 EL grob gehackte Pistazien
200 g Gorgonzola, fein gewürfelt
1 EL Zitronensaft
Salz
1½ EL Butter
1 TL Zucker
2 EL Wodka
1 kleine Handvoll Petersilie, fein gehackt

- Die Birnen schälen und die Kerngehäuse herausschneiden. Das Fruchtfleisch fein würfeln und mit dem Zitronensaft beträufeln.
- Die Penne in reichlich kochendem Salzwasser al dente garen.
- Unterdessen die Butter in einer großen Kasserolle zerlassen. Die Birnen und den Zucker und danach den Wodka und 1 Prise Salz hinzufügen. Den Alkohol kurz bei starker Hitze verdunsten lassen.
- Die Nudeln abgießen und dabei zwei Esslöffel Kochwasser auffangen.
- Die Penne mit dem Kochwasser unter die Birnen mischen. Den Gorgonzola, die Hälfte der Petersilie und die Hälfte der Pistazien dazugeben.
- Die Pasta auf tiefe Teller oder Schalen verteilen, mit der restlichen Petersilie und den restlichen Pistazien bestreuen und sofort servieren.

Pipe rigate mit Ricotta-Nuss-Sauce

Zubereitung: 25–30 Minuten
Für 4 Personen

Zutaten

400 g Pipe rigate | 200 g Ricotta
200 g Cashewkerne, fein gemahlen
100 g Pinienkerne, fein gemahlen
+ 1 EL ganze Pinienkerne | Salz
1 EL Olivenöl | 1 Knoblauchzehe, durchgepresst | 100 g Sahne
100 g Parmesan, gerieben
1 Handvoll Rucola, gehackt
frisch gemahlener schwarzer Pfeffer

- Die Nudeln in reichlich kochendem Salzwasser al dente garen.
- Unterdessen das Öl in einer großen Pfanne erhitzen. Die Cashewkerne und die Pinienkerne etwa 2 Minuten darin anrösten. Den Knoblauch hinzufügen und 1 Minute anbraten.
- Ricotta, Sahne, Parmesan, die ganzen Pinienkerne und den Rucola einrühren und das Ganze mit etwas schwarzem Pfeffer übermahlen.
- Die Nudeln abgießen und sofort mit der Sauce vermengen. Noch einmal erhitzen, auf Schalen verteilen und sofort servieren.

Fettuccine mit Spinat und Fontina

Man muss nicht Popeye heißen, um Spinat zu lieben!

Zubereitung: 20 Minuten
Für 4 Personen

Zutaten

400 g Fettuccine
400 g Spinat, fein gehackt
200 g Fontina, fein gewürfelt
Salz
1 EL Olivenöl
1 Schalotte, fein gehackt
8 getrocknete Tomaten, in Streifen geschnitten und eingeweicht
2 EL Pinienkerne, bei sehr geringer Hitze ohne Fett in der Pfanne geröstet

- Die Fettuccine in reichlich kochendem Salzwasser al dente garen.

- Unterdessen das Öl in einer großen Pfanne erhitzen und die Schalotte glasig anbraten. Den Spinat dazugeben und bei starker Hitze zusammenfallen lassen. Die Tomatenstreifen und die Pinienkerne hinzufügen und das Ganze 1 Minute unter Rühren kochen lassen. Die Pfanne dann vom Herd nehmen.

- Die Nudeln abgießen und mit dem Spinat und dem Fontina vermengen.

- Auf Teller verteilen und sofort servieren.

Tipp: Den meisten Profiköchen geht nichts über den feinen Geschmack der Schalotte. Zudem sind Schalotten besser verdaulich als die meisten herkömmlichen Zwiebelsorten. Der einzige Nachteil: Das Schälen und Schneiden ist noch »tränenreicher« als bei Zwiebeln.

Tortellini mit Käsefüllung

Hier ein erstklassiges Beispiel, dass ein Klassiker nicht langweilig sein muss!

Zubereitung: 30–35 Minuten
Für 4 Personen

Zutaten

400 g Tortellini mit Käsefüllung
½ EL Olivenöl
1 Knoblauchzehe, fein geschnitten
500 g Tomaten, geviertelt
200 ml Gemüsebrühe
1 Zweig Thymian
1 kleine Handvoll frisches Basilikum
1 kleine Handvoll frische Petersilie
Salz und Pfeffer
100 g Parmesan, gerieben

- Das Öl in einer Kasserolle erhitzen und den Knoblauch und die Tomaten 1 Minute darin anbraten.
- Die Brühe angießen und aufkochen lassen.
- Die Wärmezufuhr verringern, die Kräuter hinzufügen, aber nicht unterrühren und das Ganze 15 Minuten köcheln lassen.
- Die Kräuter mit einem Schaumlöffel herausheben (sie haben ihr Aroma jetzt vollständig an die Brühe abgegeben), die Sauce mit dem Stabmixer pürieren und mit Salz und Pfeffer abschmecken.
- Die Tortellini in reichlich kochendem Salzwasser al dente garen, anschließend abgießen und mit der Sauce vermengen.
- Mit dem Parmesan bestreuen und sofort servieren.

Basilico
Timo

Grundlagen

Man braucht nicht viel, um eine perfekte Pasta herzustellen. Und es bedarf auch keiner lebenslangen Übung, damit dies perfekt und mühelos gelingt. Aber eine *einfache Nudelmaschine*, mit der man den Teig nicht nur ausrollen, sondern auch schneiden kann, ist für einen Anfänger eine lohnende Investition. Daneben gibt es noch ein paar andere Dinge, die die Herstellung, das Kochen und sogar das Essen von Pasta erleichtern.

Küchengeräte

Nudelmaschine

Mechanische Nudelmaschinen gibt es in jedem Haushaltswarengeschäft. Die einfachsten Modelle sind recht preiswert und eigentlich unverzichtbar beim Herstellen verschiedener frischer Nudeln. Das Prinzip ist seit Jahrzehnten unverändert: Mithilfe verstellbarer Walzen lässt sich der Teig dünner und dünner ausrollen, bis man ein langes, gleichmäßiges Stück hat. Zusätzlich verfügt die Maschine über Schneiden, mit denen der Teig in unterschiedlich breite Streifen, gewöhnlich in der Breite von Tagliatelle und Tagliarine (schmale Tagliatelle), geschnitten werden kann. Mit manchen Modellen kann man sogar Pappardelle oder Ravioli zuschneiden.

Nudelpresse

Auf dem Markt sind auch semiprofessionelle elektrische Nudelmaschinen erhältlich, mit denen verschiedene Formen gepresst werden können. Das ermöglicht es, auch kompliziertere Formen wie Spaghetti, Makkaroni, Penne rigate und Fusilli selbst zu machen. Einige Modelle rühren den Teig sogar an und kneten ihn. Man muss nur noch die Zutaten hineingeben – und eine Sauce zubereiten.

Nudeltrockenständer

Ein spezieller Ständer zum Trocknen der Pasta ist sehr praktisch, wenn man Nudeln selbst trocknen will. Alternativ können Sie aber auch einen Besenstiel über zwei Stühle legen.

Teigrädchen

Teigrädchen eignen sich unter anderem zum Schneiden von Lasagne und Tagliatelle. Mit manchen Modellen kann man die Ränder der Pasta auch mit einem Wellenmuster verzieren. Das Teigrädchen ist auch ideal zum Ausschneiden von Ravioli.

Raviolibrett

Raviolibretter gibt es in verschiedenen Formen und Größen. Man legt einfach einen Teigstreifen auf die Form und gibt die Füllung in die Vertiefungen. Anschließend legt man einen zweiten Teigstreifen darauf und rollt vorsichtig mit dem Nudelholz darüber. Durch die erhöhten Ränder wird der Teig sauber abgeschnitten, und Sie erhalten schöne, gleichmäßige und gleich große Ravioli. Darauf achten, dass man das Brett so füllen kann, dass die Luft aus den Ravioli entweichen kann (ein rechteckiges Brett mit runden Vertiefungen für die Füllung ist in dieser Hinsicht weitaus praktischer als beispielsweise eines mit dreieckigen Vertiefungen). Damit der Teig sauber abgeschnitten wird, müssen die Ränder hoch und scharf genug sein. Außerdem müssen sich die Ravioli leicht aus den Vertiefungen lösen, damit man nicht unnötig viel Zeit damit verbringt, sie herauszulösen.

Oliven und Kapern

Olivenöl

In italienischen Haushalten wird Olivenöl Jahr für Jahr literweise verbraucht. Man hat immer wenigstens zwei Sorten im Haus: ein gutes natives Olivenöl (vergine oder extra vergine) und ein »normales« Olivenöl. Beide Sorten werden zwar aus der gleichen Frucht gewonnen, dennoch gibt es gewisse Unterschiede. Die Bezeichnung »vergine« sagt etwas über das Herstellungsverfahren aus. Natives Olivenöl stammt aus der ersten Kalt-Pressung. Danach wird die Fruchtmasse erhitzt und noch einmal gepresst.
Bei nativem Olivenöl, das die Bezeichnung extra vergine trägt, darf der Anteil an freien Fettsäuren bei maximal einem Prozent liegen. Dieses ist das reinste und aromatischste Olivenöl. Bei nativem Öl mit der Bezeichnung vergine liegt der Fettsäureanteil bei unter zwei Prozent. Zusammen machen diese beiden unraffinierten Öle etwa zehn Prozent der Gesamtproduktion aus. Der Rest sind Öle, die raffiniert wurden, um den hohen Fettsäuregehalt zu reduzieren oder um Verunreinigungen zu eliminieren. Durch das Raffinieren verliert das Öl an Geschmack und Aroma, hat aber auch einen Vorzug: Es lässt sich stärker erhitzen und eignet sich deshalb besser zum Kochen. Natives Olivenöl sollte nicht erhitzt werden, weil es dabei sein feines Aroma einbüßt. Es eignet sich am besten für Dressings und Dips. Ein natives Öl zum Braten zu verwenden wäre ein Frevel.

Oliven

Unbehandelte Oliven sind ungenießbar. In der Regel behandelt man sie mit Salzwasser. In Italien kennt man dafür verschiedene Verfahren. Im Allgemeinen werden die frischen Oliven zunächst in Wasser gewaschen und anschließend in einer Salzlösung gekocht. In dieser Salzlösung lässt man sie einen Monat liegen, und dann wird der Prozess noch einmal wiederholt. Danach dauert es nochmals einen Monat, bis sie ihren bitteren Geschmack verloren haben und zum Verzehr geeignet sind.

Grün oder schwarz

Die Farbe sagt nichts über die Sorte aus, sondern über den Reifegrad.Wenn die Oliven am Baum reifen, wechselt die Farbe mit zunehmender Reife von Grün zu Violett und eventuell Schwarz.

Kapern

Kapern werden von Hand gepflückt und anschließend in Essig oder Salzlake eingelegt – oder beidem, wie man sie im Handel auch oft findet. Viele Italiener glauben, Kapern verlören ihren Geschmack, wenn man sie in Essig einlegt. Tatsächlich lohnt es sich, nach echten italienischen, in Salzlake eingelegten Kapern Ausschau zu halten. Denn sowohl der Geschmack als auch die Konsistenz unterscheiden sich deutlich von in Essig eingelegten Kapern. Die Kapern vor der Zubereitung kurz in kaltem Wasser entsalzen und abtropfen lassen.

Parmesan

Der Parmigiano-Reggiano lässt sich auf ganz unterschiedliche Art genießen, wobei sich drei besonders beliebte Verkostungsweisen herausgebildet haben.
Er wird gern zum Verfeinern genommen. Gerieben oder dünn gehobelt, bekommen italienische Pastagerichte, aber auch Obst- und Gemüsesalate mit diesem Käse ihre außergewöhnliche Würze und ein köstliches Aroma.
Als Zutat für Rezepte und Bestandteil kulinarischer Kreationen wird er mit anderen Zutaten häufig in der Küche verarbeitet; etwa als Füllung für frische, selbst gemachte Nudeln, aber auch für Fleisch- und Fischgerichte oder gebackene Gemüsekuchen und vieles mehr.
Er rundet als Tafelkäse, ob nun grob gehobelt und allein oder mit Brot gereicht, ein gutes Essen ab und passt dabei gut zu einem Glas Wein und etwas Obst oder Konfitüre.
Eine gute Kombination bilden ein 12 bis 18 Monate gereifter Parmigiano-Reggiano mit frischen Äpfeln, reifen Birnen oder Erdbeeren. Trockenobstsorten wie Walnüsse, Haselnüsse oder Feigen passen zu einem Parmesan, der bis zu 28 Monate gelagert ist; und ein besonders alter Aceto balsamico tradizionale lässt sich köstlich mit einem über 30 Monate gelagerten Parmesan kombinieren.

Pesto

In der kleinen Küstenregion Ligurien im Nordwesten Italiens gedeiht wildes Basilikum in Hülle und Fülle. Viele sind überzeugt, dass das Kraut nirgends auf der Welt so gut schmeckt wie hier. Die glänzenden grünen Blätter haben ein einzigartiges, intensives Aroma. Man sagt, das käme vom Seewind.
Die Region ist reich an Kräutern. Und von hier stammt auch die berühmteste Basilikummischung der Welt – das Pesto. Traditionell zerstößt man in Ligurien die Blätter dieses Krautes zusammen mit dem aromatischen heimischen Olivenöl, Knoblauch und Pecorino, dem köstlichen, krümeligen italienischen Schafskäse, zu einer feinen Paste. Manchmal fügt man noch Pinienkerne hinzu, die der Mischung eine wunderbar cremige Konsistenz verleihen.

Der alte Mörser

Pesto wird traditionell in einem Mörser aus Stein hergestellt, in dem man die Zutaten mit einem schweren Stößel zu einer Paste zerreibt. Daher hat es auch seinen Namen, denn *pestare* ist das italienische Wort für »zerstoßen«. Gewiss, in der Küchenmaschine geht das auch, aber die altmodische Zubereitungsart ist vielleicht trotzdem immer noch die beste. Denn durch das Zermahlen mit dem Stößel bekommt das Ganze eine wunderbar glatte Konsistenz, während die Zutaten in der Küchenmaschine lediglich zerkleinert werden. Bis auf den Käse und das Olivenöl werden die Zutaten zu einer feinen Paste zermahlen und zum Schluss der Käse und das Öl untergerührt, sodass eine dicke Sauce entsteht.

Hunderte von Varianten

Es gibt zahllose Varianten des echten italienischen Pestos. Beinahe jeder Koch hat sein eigenes Rezept. Am bekanntesten ist wohl das Pesto rosso aus sonnengetrockneten Tomaten. Das Basilikum wird gerne durch Rucola oder andere zarte und aromatische

Kräuter oder aber durch Gemüse, wie zum Beispiel geröstete Paprikaschoten oder Auberginen, ersetzt. Gelegentlich verwendet man auch andere Käsesorten und nimmt Walnüsse oder Mandeln anstelle der Pinienkerne. Das Olivenöl kann auch durch ein Nussöl ersetzt werden.

Das berühmteste Gericht, das mit Pesto zubereitet wird, sind die *Trenette alla genovese*, schmale Bandnudeln mit Pesto, gekochten Kartoffeln und Bohnen. In Ligurien isst man die berühmte Kräuterpaste auch zu Gnocchi und rührt sie in die Minestrone. Es gibt zahllose Verwendungsmöglichkeiten. Probieren Sie Pesto doch einmal als Aufstrich auf Crostini (gerösteten Weißbrotscheiben), in einem Salat oder als Sauce zu Fleisch oder Fisch.

Tapenade

Grundrezept

Zubereitung: 10 Minuten
Für 4 Personen

Zutaten

100 g entsteinte grüne Oliven
1 Dose (50 g) Sardellenfilets
1 EL fein geschnittene Petersilie
1 EL Kapern
4 EL Olivenöl

Alle Zutaten in der Küchenmaschine zerkleinern und mischen oder mit einem Stabmischer pürieren – eine ideale Pastaergänzung, wenn es schnell gehen soll.

Sugo di Pomodoro

Zubereitung: 60 Minuten
Für 4 Personen

Zutaten

400 g Tomaten (frische oder geschälte Tomaten aus der Dose)
2 EL Olivenöl
1 Karotte, fein gehackt
1 Zwiebel, fein geschnitten
1 Stange Sellerie, fein gehackt
2 Knoblauchzehen, durchgepresst
1 rote Chilischote, entkernt und fein geschnitten
2 EL frisch gehackte Kräuter (Basilikum, Petersilie, Oregano, Thymian)
Salz und Pfeffer

- Frische Tomaten enthäuten und grob hacken. Dosentomaten grob zerkleinern und abtropfen lassen.

- Das Öl in einer Pfanne erhitzen. Karotte, Zwiebel und Sellerie darin anschwitzen, bis die Zwiebel glasig ist. Anschließend den Knoblauch und die Chilischote hinzufügen.

- Die Tomaten und die Kräuter untermischen.

- Mit Salz und Pfeffer würzen und die Sauce köcheln lassen, bis sie eingedickt ist. Dabei gelegentlich umrühren. Die fertige Sauce nach Belieben noch durch ein Sieb passieren.

Béchamelsauce

Zubereitung: 25 Minuten
Für 4 Personen

Zutaten

60 g Butter
60 g Weizenmehl
1 l warme Vollmilch
Salz und Pfeffer
1 Prise geriebene Muskatnuss

- Die Butter in einer Kasserolle erhitzen, bis sie zu schäumen beginnt. Das Mehl hinzufügen und so lange rühren, bis die Mischung (jetzt eine Einbrenne) eine feste, glatte Konsistenz hat. Das dauert einige Minuten. Die Einbrenne darf nicht anhängen oder anbrennen und sollte nur leicht goldgelb werden.

- Die Kasserolle vom Herd nehmen und nach und nach die Milch einrühren. Dabei darauf achten, dass sich keine Klümpchen bilden.

- Den Topf wieder auf den Herd stellen, die Sauce mit Salz, Pfeffer und Muskat abschmecken und etwa 5 Minuten unter Rühren kochen lassen. Anschließend vom Herd nehmen.

Kräuter

Kräuter gedeihen überall in Italien. Mit ihrem einzigartigen Aroma, ihrem Geschmack und ihrer Farbe verleihen sie jedem Gericht eine besondere Note. Und das gilt natürlich auch für Pasta.

Petersilie *(prezzemolo)* Frische Petersilie darf in vielen Pastagerichten nicht fehlen. Häufig bestreut man die Speisen vor dem Servieren mit frisch gehackter Petersilie, um ihnen Farbe und einen frischen Geschmack zu verleihen. Auch die Stiele sollte man nicht wegwerfen, denn sie eignen sich hervorragend zum Verfeinern von Saucen. In Italien bevorzugt man glatte Petersilie. Sie hat einen pikanteren Geschmack, und die Blätter sind dicker als die der krausen Petersilie.

Lorbeer *(alloro)* Die aromatischen Blätter lässt man gerne in Saucen mitkochen, die länger gekocht werden müssen. Lorbeerblätter eignen sich hervorragend zum Verfeinern von Fleischsaucen wie zum Beispiel dem Ragù alla bolognese und sind am aromatischsten, wenn sie frisch sind. Italienische Gärten haben oft ein ganzes Wäldchen von Lorbeerbäumen. Wenn Sie keine frischen Lorbeerblätter bekommen, tun es natürlich auch getrocknete.

Rosmarin *(rosmarino)* Das pikante Kraut verwendet man in der Regel für Fleischgerichte und Braten. In Pastasaucen findet es seltener Verwendung. Manchmal lässt man Rosmarinzweige, ähnlich wie Lorbeerblätter, in Eintöpfen mitkochen und entfernt sie vor dem Servieren. Die zarten jungen Blätter kann man fein hacken und damit Tomaten- oder Kräutersaucen verfeinern.

Salbei *(salvia)* Eine klassische, superschnelle und schmackhafte Sauce ist *Burro e salvia*, die man gerne zu Gnocchi und Ravioli mit Ricottafüllung serviert. Es handelt sich dabei um nichts anderes als zerlassene Butter, in der man Salbeiblätter ziehen lässt.

Oregano *(origano)* Oregano ist eigentlich das einzige Kraut, das man ebenso häufig frisch wie in getrockneter Form verwendet. Er ist ein beliebtes Pizzagewürz, aber auch Pastasaucen mit geröstetem Gemüse und Tomatensaucen werden gerne damit verfeinert.

Rauke *(rucola)* Die pikanten Rucolablätter mit dem nussigen Geschmack dürfen nicht erhitzt werden, da sie beim Kochen schnell ihren Geschmack und ihr Aroma verlieren. Rucola wird gerne anstelle von Basilikum für Pestos verwendet.

Basilikum *(basilico)* Basilikum ist aus der italienischen Küche nicht wegzudenken. Berühmt ist das Kraut vor allem als Hauptzutat im Pesto alla genovese, man findet es aber auch in unzähligen anderen Pastagerichten. Wie Petersilie streut man es gewöhnlich unmittelbar vor dem Servieren über die Speisen, es kann aber auch – allerdings nur sehr kurz – mitgekocht werden, denn es verliert schnell sein Aroma, wenn es zu sehr erhitzt wird. Und nach Möglichkeit kein getrocknetes Basilikum verwenden, denn es schmeckt in aller Regel nach gar nichts und hat nichts mehr mit diesem aromatischsten aller Kräuter gemein.

In gleicher Reihe erschienen ...

ISBN 978-3-86244-149-5

Espumas & Chantillys sind im Glas serviert hübsch anzusehen, ebenso wie viele weitere Gerichte in diesem Buch mit 100 kreativen Rezepten.

ISBN 978-3-86244-145-7

Finger & Food = Fingerfood. Wenig Geschirr, ein wenig Vorbereitung und diese 100 Rezepte – mehr Zutaten braucht sie nicht, die perfekte Party!

ISBN 978-3-86244-131-0

Es ist verblüffend, wie abwechslungsreich es sich ganz ohne tierische Produkte kochen lässt und in welcher Vielfalt sich Rohkost präsentieren kann!

ISBN 978-3-86244-214-0

100 abwechslungsreiche Rezepte aus aller Welt für Erbsen, Bohnen, Linsen, Kichererbsen und andere Hülsenfrüchte, leicht und modern zubereitet.

ISBN 978-3-86244-231-7

Die 100 besten Rezepte für unsere Lieblingsgemüse!

ISBN 978-3-86244-212-6

Maultaschen, Wan Tans, Piroggen, Blinis, Donuts... Die 100 besten Rezepte für Teigtaschen, von Italien bis Asien, von Nudel- bis Strudelteig.

CHRISTIAN
www.christian-verlag.de